Edmond HINGBO

EXISTENCE CHRÉTIENNE ET VIE QUOTIDIENNE CHEZ KARL RAHNER

Edmond HINGBO

EXISTENCE CHRÉTIENNE ET VIE QUOTIDIENNE CHEZ KARL RAHNER

Lecture du « Traité fondamental de la foi » et perspectives pour l'Afrique

Éditions Croix du Salut

Cover image: www.ingimage.com

Publisher:
Éditions Croix du Salut
is a trademark of
Dodo Books Indian Ocean Ltd., member of the OmniScriptum S.R.L Publishing group
str. A.Russo 15, of. 61, Chisinau-2068, Republic of Moldova Europe
Printed at: see last page
ISBN: 978-620-3-84227-2

Dédicace

Aux théologiens et pasteurs africains héritiers et promoteurs de la théologie de K. Rahner pour des communautés chrétiennes plus ouvertes et missionnaires dans un monde de plus en plus laïc…

Remerciements

Il y a quelques années, nous n'aurions jamais imaginer porter un intérêt particulier sur un tel sujet, *« Existence chrétienne et vie quotidienne chez K. RAHNER. Lecture du Traité fondamentale de la foi, et perspectives pour l'Afrique »* dans le but d'y apporter notre modeste contribution dans cette réflexion pour proposer quelques perspectives pour l'Afrique. Notre affirmation tient source de la complexité dans la compréhension de l'ouvrage de K. Rahner *Traité fondamental de la foi. Introduction au concept du christianisme*; un véritable labyrinthe qui aborde les sujets tels que la question de : la transcendance et l'autocommunication gracieuse de Dieu comme espace de dialogue avec le monde séculier et les chrétiens anonymes ; l'affranchissement d'*une satisfaction primaire de la transmission des contenus traditionnels de la foi, pour les faire correspondre avec l'expérience de l'homme* (un christianisme incarné) ; et enfin, il est question d'amener les chrétiens à vivre intensément leur foi dans l'intimité avec la transcendance bien qu'étant dans un monde en toute liberté.

Devant ces hésitations exprimées ci-haut, nous avons été encouragé d'abord par ces belles paroles de l'oraison de la 15ème semaine du temps ordinaire qui nous rassure que dans nos peurs, nos hésitations, nos tentatives de découragement, Dieu ne nous abandonne pas et quand on ne comprend pas, Il montre toujours : « aux égarés la lumière de ta vérité pour qu'ils puissent reprendre le bon chemin, [...] » afin que par notre témoignage, nous puissions lui faire honneur. Et effectivement, nous avons été réellement éclairés et encouragés par la lumière de sa vérité pour maintenir ce grand vœu à réfléchir sur ce sujet. Du coup, il a mis sur notre route le professeur l'Abbé KUMBU KI KUMBU Eleuthère, de qui nous avons bénéficié de son appui régulier, constant et ferme. C'est encore lui qui a accepté de préfacer ce livre. Nous lui en sommes gré.

Merci aussi à toutes les personnes qui de près ou de loin ont été pour nous une référence.

Préface

Comment vivre la foi et la spiritualité chrétiennes dans un monde de plus en plus marqué, comme l'a si bien noté le Concile Vatican II dans la *Constitution Gaudium et Spes*, par des changements rapides et profonds dans tous les domaines de l'existence humaine ? Tel est l'horizon de la réflexion que nous propose le Révérend Père Edmond HINGBO, missionnaire Oblat de Marie Immaculée, dans cet ouvrage reprenant l'essentiel de sa dissertation de master en théologie.

Sans entrer dans toutes les méandres de la pensée si riche et si féconde du grand théologien allemand Karl Rahner, cette réflexion s'inspire beaucoup de la manière dont l'auteur du *Traité fondamental de la foi* et de *Mission et grâce* a perçu la situation du chrétien et du christianisme dans le monde d'aujourd'hui.

A la suite de Karl Rahner, l'auteur du présent essai est convaincu qu'il est impossible d'annoncer et de vivre l'Evangile aujourd'hui de manière profonde et féconde sans reprise critique des principales caractéristiques du monde contemporain, à savoir le primat de la raison, l'anthropocentrisme, et la tendance à confiner la religion dans la sphère privée, loin de toute influence significative et publique dans l'existence concrète des femmes et des hommes de notre temps. Pour le dire autrement et plus brièvement, la civilisation actuelle tend à réduire, sinon à évacuer, la place de la foi, de Dieu et de la religion dans la vie sociale, politique ou publique de l'homme. Ce triple défi est pratiquement au cœur de toute la théologie contemporaine.

Encouragé par les nombreux appels du Magistère récent à promouvoir une ''nouvelle évangélisation'', une ''évangélisation en profondeur'', ou encore ''un christianisme incarné ou inculturé'', le chrétien d'aujourd'hui ne peut ni baisser les bras ni se résigner devant l'immensité des défis à relever.

En suivant une fois de plus son modèle, Karl Rahner, Edmond HINGBO invite ses lecteurs à surmonter les défis actuels en s'appuyant sur une juste compréhension et une authentique pratique de la vie sacramentelle en général, eucharistique en particulier. En clair, il s'agit de redécouvrir et de vivre l'eucharistie dans ses multiples dimensions : l'action de la grâce au Père et de mémorial du Christ, de communion fraternelle, sans oublier sa dimension missionnaire. Dans ce sens, tous les pasteurs et tous les fidèles de l'Eglise devraient considérer la gratitude de la pratique sacramentelle comme un enjeu pastoral majeur aujourd'hui, de préférence au sein de petites communautés de vie et d'action.

On comprend pourquoi le christianisme, surtout dans les régions qui sont en proie à des défis très complexes comme en Afrique, ne peut être qu'une religion engagée auprès et en faveur des plus pauvres.

Le lecteur découvrira et approfondira sans doute au contact de ce livre bien d'autres richesses qu'une préface ne peut reprendre de façon exhaustive. D'avance nous souhaitons à cet ouvrage plein de succès auprès de ses nombreux lecteurs.

Professeur Eleuthère KUMBU,

Université Catholique du Congo

INTRODUCTION

Maintenir la foi de son enfance à travers une vie chrétienne cohérente n'est toujours pas évident à moins d'avoir fait une expérience concrète de Jésus Christ, et de ne pas se contenter d'incarner une catéchèse purement notionnelle, abstraite. Cette tâche est d'avantage ardue de nos jours, à causes des changements historico-socio-culturels surtout contemporains. Dans ce contexte, le problème à résoudre, serait celui de l'adéquation entre la foi chrétienne reçue et professée, et la vie quotidienne, qui, quelquefois, peut tendre à éloigner de plus en plus des fondements de la foi catholique et des valeurs de la vie chrétienne. Et puisque le vécu de la foi n'est pas détaché de la pratique pastorale, il est question d'approfondir l'impact du ministère pastoral reçu du Christ crucifié et ressuscité, et son Evangile présenté à des personnes vivant dans un contexte précis. Le ministère du Christ, dans ces situations actuelles, se doit d'emprunter un langage compréhensible et intelligible aux hommes et communautés de vie de ce temps. Ce qui donne lieu à des chantiers à expérimenter, des rites à célébrer selon des codes que discernent les membres de la communauté, pour qu'ils affermissent leurs convictions, etc. En fait, la question du ministère pastoral du Christ et la cohérence entre la foi professée et la foi vécue a été exploitée par plusieurs catégories de théologiens. Pour le bibliste Paulin POUCOUTA, dans son livre *Du neuf et de l'ancien. L'évangile de Matthieu en 10 étapes*, pense l'évangile du Christ comme une véritable catéchèse créatrice[1]. Le moraliste Jean-Paul II dans sa célèbre encyclique *Splendeur de la vérité,* dans une vérité indubitable situe le Christ au cœur de la vie morale et par ricochet, un exemple offert aux autres Eglises chrétiennes : « suivre le Christ est le fondement essentiel et original de la morale chrétienne »[2]. Ainsi, sommes-nous invités à la perfection en répondant librement à son appel[3]. Quant à Gustavo Gutierrez, un théologien de la libération voit le message évangélique comme une libération socio-politique dans laquelle s'exprime l'amour de Dieu[4]. De ces points de vus, Karl Rahner y collabore en produisant plusieurs ouvrages qui disent long sur l'orientation de sa pensée. Ce sont par exemple : *Est-il possible aujourd'hui de vivre et de croire* ; *Mission et grâce, Mystère de l'Eglise et action pastorale* ; *Traité fondamental de la foi. Introduction au concept du christianisme* ; *Vivre et croire aujourd'hui. Méditations théologiques,* etc. Ces

---

[1] Paulin POUCOUTA, *Du neuf et de l'ancien. L'évangile de Matthieu en 10 étapes,* Yaoundé, Presses de l'UCAC, 2004, p. 159.

[2] JEAN-PAUL II, *Veritatis Splendor,* Lettre encyclique sur Quelques questions fondamentales de l'enseignement moral de l'Eglise, Rome, 6 août 1993, n° 19.

[3] *Idem,* n°17.

[4] Gustavo GUTIERREZ, « Théologie de la libération. Perspectives », dans Revue *Lumen Vitae* 31, 1974, p. 160.

différents thèmes démontrent clairement son engagement à raffermir la foi du croyant tout d'abord en le rendant plus responsable, puis conscient et enfin libre de ce qu'il professe.

On comprend pourquoi il oriente sa pensée sur la situation du christianisme dans le monde d'aujourd'hui. Ce qui nous a paru très riche, et a aiguisé notre désir à vouloir comprendre ses analyses afin d'en dégager ses implications concrètes dans la hauteur d'une vie chrétienne cohérente, contextuelle, et ouverte à l'action de l'Esprit Saint. Nous voyons déjà clairement Karl Rahner qui veut dépasser largement la formule traditionnelle tant utilisée par les hommes de l'Eglise : *Extra ecclesia nulla salus*. De son point de vu, il faut tendre la main à tout homme, même si on peut simplement voir en lui, un *chrétien anonyme*[5]. Mais alors, qu'elles seraient les conditions et les implications d'une existence chrétienne authentique pour le monde d'aujourd'hui ? Se situant dans un contexte marqué par une modernité complexe, quelles implications et exigences suscitent-elles et requièrent-elle de la vie chrétienne ? Et l'idée d'actualisation et d'adéquation, pouvons-nous entrevoir une perspective propre à l'Eglise d'Afrique ?

Le Congrès panafricain tenu à Yaoundé à l'occasion du 50ème anniversaire de Vatican II, en a fait une préoccupation centrale et a reconnu que l'œuvre de l'évangélisation missionnaire en Afrique subsaharienne est appréciable et l'espérance de l'avenir de l'Eglise en Afrique peut être envisagée[6]. Ainsi, il faut avancer au large (Lc 5, 4) et étudier les stratégies à adopter pour que l'Evangile pénètre « le cœur de l'homme et de la société afin de le transformer du dedans et de rendre neuve l'humanité elle-même ».[7] En citant un cas d'espèce, Crispin Bakadisula Katuma Madila reconnaîtra que l'Eglise en République Démocratique du Congo (RDC) a dans ce domaine, retenu quelques tactiques pour une réelle évangélisation en profondeur. C'est le cas de : l'érection des Communautés Ecclésiales Vivantes de Base (CEVB) qui est une réponse appropriée à l'exigence d'une Eglise-famille des enfants de Dieu ; l'éveil du laïcat à la promotion de la justice ; de la paix et la réconciliation ; et de la promotion de la femme[8]. Sans oublier le problème de l'incohérence de la foi reconnue par l'inadéquation entre foi et vécu, le tout liée est une conséquence liée aussi aux stratégies missionnaires non favorables aux valeurs des peuples évangélisés, la Conférence Episcopale Nationale du Congo (CENCO) en a fait cas. C'est ici que notre sujet

[5] Karl RAHNER, *Traité fondamental de la foi. Introduction au concept du christianisme*, Paris, Centurion, 1983, p. 447.
[6] Crispin BAKADISULA KATUMA MADILA , *Quelques priorités pastorales pour une nouvelle évangélisation de la région des grands lacs aujourd'hui* http://www.laici.va/content/dam/laici/documenti/africa/macroregione-bakadisula.pdf, (consulté le 04/06/2019).
[7] *Ibidem.*
[8] *Ibidem.*

trouve son intérêt dans le fait qu'avec Karl Rahner, on revisite sous un angle totalement nouveau et ouvert, la rencontre de l'Evangile avec l'homme dans la trame de l'existence humaine. Il attire l'attention de tout évangélisateur à tenir compte dans son programme d'évangélisation que l'effet de la grâce qui est donnée, se communique à tout homme : *la grâce comme centre de l'existence humaine*[9].

De cette grâce, qu'il faut entendre comme une grâce qui ne se définie comme autrefois, parce qu'empruntant la voie positive où le pécheur ou le non-croyant bénéfice de la grâce gracieuse de Dieu, or dans l'ancienne conception il était dépourvu de cette grâce. Cependant, nous dit Karl Rahner, la grâce nous est donnée par Dieu toujours et partout, dans un rapport dialogiquement libre, de façon imméritée et surnaturelle. Bref, elle est donnée sous forme d'une offre qu'on accepte et qu'on refuse. Mais il faut tout de même souligner que l'homme ne peut jamais sortir de cette réalité qui transcende son existence. D'où la conséquence logique de sa pensée qu'il n'existe aucune religion, de quelque type qu'elle soit, où la grâce de Dieu ne serait pas présente, même de manière peut être étouffée et corrompue. C'est de ce moment, de cet instant transcendantal que découle toute la révélation historique, et toute l'expérience historique de Dieu[10].

[9] Rosino GIBELLINI, *Panorama de la théologie du XXème siècle*, Paris, Cerf, 2004, p. 261.
[10] *Idem*, p. 261-262.

CHAPITRE 1. KARL RAHNER ET LE CONTEXTE DE SA PENSEE.

Ce premier chapitre de notre étude cherche à expliciter le contexte de la formation et de la carrière de Karl Rahner, contexte marqué par trois caractéristiques principales : le primat de la raison, l'anthropocentrisme et un discours sur un christianisme déconnecté de la vie réelle. Confronté à ce triple défi, Karl Rahner s'est efforcé à développer une théologie avant-gardiste de ce chalenge plus actuel aujourd'hui. Cette première partie de notre investigation s'y investira en prenant soin d'entrée de jeu de donner quelques indications essentielles sur la vie du théologien allemand et sa production bibliographique.

Bio-bibliographie de l'auteur.

Karl Rahner est né le 05 mars 1904 en Allemagne dans la région de la Forêt-Noire. Il devint disciple du philosophe Martin Heidegger à Fribourg où il commença sa carrière universitaire en 1937 à Innsbruck, à la faculté de théologie. Après la guerre, il sera nommé en 1964 à Munich pour occuper la chaire de « philosophie de la religion et de *Weltanschauung* catholique », à la suite du théologien italo-allemand Rosino Guardini. Ce dernier en effet, bénéficiant des conseils de Marx Scheler, Rosino Guardini avait développé l'idée de la *Weltanschauung* qui lui permit de regarder le monde, les choses, l'homme, les œuvres, en chrétien conscient de ses responsabilités, qui dit ce qu'il voit en termes scientifiques[11]. En fait, la *Weltanschauung* c'est la vision du monde dans sa manifestation concrète, vivante, proche de la réalité et de la vie, elle a recours à la totalité de l'être et des valeurs. Donc la *Weltanschauung* catholique est « le regard que l'Eglise porte sur le monde, dans la foi, du point de vue du Christ vivant, et transcendant tout modèle dans la plénitude de sa totalité »[12]. A la suite de Rosino Guardini, Karl Rahner va chercher à approfondir sa réflexion entre foi et existence chrétienne, un sursaut de l'Eglise en vue du réveil des âmes.

On comprend pourquoi, dès qu'il remplace Rosino Guardini à la chaire de Munich, Karl Rahner conçoit son premier cours comme une « Introduction au concept de christianisme », qui connaitra plusieurs réélaborations avant d'être plus tard publié en 1976 sous le titre de *Traité fondamental de la foi,* l'ouvrage de base de notre recherche. Dans cette œuvre, où l'homme s'applique à « rendre compte de la foi »[13] par l'intégration de l'ensemble des disciplines intéressées par le questionnement théologique, l'œuvre du *Traité* reste « l'un

[11] Rosino GIBELLINI, *Panorama de la théologie du XXème siècle*, p. 247-248.
[12] *Idem*, p. 248-249.
[13] David SENDREZ, *L'expérience de Dieu chez K. Rahner, Son statut épistémologique dans le Traité fondamental de la foi*, Paris, Parole et Silence, 2013, p. 45.

des textes les plus significatifs de la théologie catholique en notre siècle »[14]. Ce qu'on pourrait appeler presque corpus rahnérien fut en fait rédigé par l'auteur vers la fin de sa vie, est une réflexion compartimentée qui se donne pour défi la résolution de certaines difficultés urgentes rencontrées par la théologie et la pastorale[15]. Cette réalité rend parfois la lecture ardue lorsque l'on veut faire la part des choses entre l'évolution propre de la théologie de Karl Rahner et celle du contexte dans lequel s'inscrit son activité théologique. Bien structuré, ce chef-d'œuvre monumentale est composée d'une introduction et de neuf étapes qui sont :

- À l'écoute du message
- L'homme devant le mystère absolu
- L'homme comme être radicalement menacé par la faute
- L'homme comme évènement de l'autocommunication libre et pardonnante de Dieu
- Histoire du salut et de la Révélation
- Jésus-Christ
- Le christianisme comme Église
- Remarques sur la vie chrétienne
- L'eschatologie.

Pour Karl Rahner, l'homme est fondamentalement transcendance et liberté, avant de se laisser reconnaître comme un être mondain, temporel, historique. Ce présupposé est important pour poser et faire reconnaître le message du christianisme ; car on ne peut pas sauver l'homme en gommant sa véritable constitution et son histoire[16]. Cette vision de l'homme rahnérien a totalement orienté sa perception de la sotériologie. Elle a, de fait, permis à Karl Rahner de dépasser l'interprétation restrictive de la célèbre expression antique qui a conduit à toutes sortes de discriminations : *Extra ecclesia nulla salus*. Grâce à sa réflexion sur le *christianisme anonyme,* on perçoit cette volonté de Karl Rahner de tendre la main à toute personne même hors de l'Eglise. Pour lui, « tout homme, en tant qu'homme, non abstraitement considéré dans sa pure nature humaine, mais considéré concrètement dans l'ordre historique présente de l'économie salvifique, peut être un chrétien anonyme, s'il n'est pas toujours un chrétien explicite »[17]. Ici, Dieu recherche, désire et même offre à tous la

[14] Rosino GIBELLINI, *Panorama de la théologie du XXème siècle*, p. 254.

[15] Au soir de sa vie, Rahner Karl a adressé aux générations futures ce bilan de sa ligne de conduite intellectuelle. Il écrit : « J'ai toujours fait de la théologie au service de l'annonce de l'Évangile, de la prédication, de la pastorale ». https://croire.la-croix.com/Definitions/Lexique/Vatican-II/Les-grands-penseurs/Karl-Rahner, cf. P. Jean-Luc Ragonneau, sj, *Karl Rahner, un conseiller très écouté*, 2009, (consulté le 20/02/2019).

[16] Karl RAHNER, *Traité fondamental de la foi,* p. 55.

[17] Rosino GIBELLINI, *Panorama de la théologie du XXème siècle*, p. 263.

possibilité du salut – *existential surnaturel* [18]. Karl Rahner n'exclut pas ainsi dans sa démarche, la possibilité qu'avec le temps, ces anonymes intègrent l'aire de jeu chrétienne à travers les bonnes œuvres et l'acceptation des critères chrétiens. Mais en attendant, leur acte de foi implicite ne restera pas sans récompense.

Outre ses responsabilités et son influence académique à Münich, par sa finesse Karl Rahner a joué un rôle très important au concile Vatican II en qualité d'expert. Arrivé à Rome comme théologien à la demande du Cardinal Franz König, il fut nommé en 1962 par Jean XXIII expert [*peritus*] à la Commission théologique du concile Vatican II. Il participa à la préparation des textes conciliaires majeurs tels que *Lumen gentium* et *Dei Verbum*, et se penchera sur l'épineuse question du rapport entre l'Écriture et la Tradition. A travers son ouvrage *Le deuxième concile du Vatican : contributions au concile et son interprétation*, on découvre un acteur important et passionné du concile Vatican II. Karl Rahner a été principalement satisfait de l'ouverture du concile envers les religions non chrétiennes. Ce volume rassemble les nombreux textes et interventions de l'auteur publiés avant, pendant et après le concile[19]. Il faut reconnaître que l'expérience conciliaire a permis à Karl Rahner d'adapter son discours théologique en mettant sur pied la démarche théologique de la pertinence et l'*autorité* intellectuelle sans toutefois se perdre dans la panoplie des savoirs[20]. Voilà pourquoi Yves Tourenne estime que Karl Rahner mérite d'être classé au centre de l'« évolution du contexte théologique, ecclésial et intellectuel après Vatican II »[21].

Bien avant le concile, Rahner avait déjà écrit, en 1939, *L'Esprit dans le monde*. Comme élève de Martin Heidegger, Karl Rahner a retrouvé à travers la lecture de Thomas d'Aquin des réponses aux questionnements contemporains, notamment : les questions de la connaissance et de la vérité. Ce volume est alors une compilation des écrits philosophiques de jeunesse de notre théologien. En pleine seconde guerre mondiale, il publia en 1941 *L'auditeur de la Parole. Ecrits sur la philosophie de la religion et sur les fondements de la théologie*, un véritable travail de fondation d'une philosophie de la religion dans une perspective théologique. En fait il s'agissait de ses leçons tenues aux Semaines universitaires de Salzbourg (été 1937). Pour lui, l'homme est invité à se tenir « à l'écoute pour rencontrer cette

[18] Rosino GIBELLINI, *Panorama de la théologie du XXème siècle*, p. 261.
[19] https://www.laprocure.com/uvres-edition-critique-autorisee-volume-deuxieme-concile-vatican-contributions-karl-Rahner/9782204105859.html (consulté le 09/06/2020).
[20] David SENDREZ, *L'expérience de Dieu chez K. Rahner*, p. 43-44.
[21] *Idem*, p. 43.

parole qui illumine et fonde l'existence »[22]. En réalité, cette œuvre est venue compléter la réflexion déjà entamée dans *L'Esprit dans le monde.*

Au fait, les premières années d'enseignement de Karl Rahner dans la ville autrichienne correspondent au moment où s'élabore le projet d'une théologie kérygmatique au service de la prédication et de la pastorale. Karl Rahner avait pris des positions qui se distinguaient de la tendance commune ; entre l'occurrence il ne partageait pas la conception d'une théologie distincte de la théologie scientifique. A son avis, il fallait plutôt insérer l'intention pastorale dans le projet plus large de la théologie catholique. Ce projet se reflète déjà dans les *Ecrits théologiques* en 1954, une série d'articles et d'essais qui représentent une véritable bibliothèque théologique dans leur diversité et discontinuité[23]. Mais c'est seulement en 1959 que Rahner va rassembler ses écrits de théologie pratique dans le triple volume de *Mission et grâce.* Dans ce recueil, il signale le passage de l'Eglise d'un régime de chrétienté à une situation de *diaspora*, où elle n'est plus qu'une minorité à l'intérieur des nations. Notre auteur pense que cette situation ne doit pas être subie, mais qu'il faut l'accepter comme *une nécessité inhérente à l'histoire du salut*, et y répondre par une rénovation des méthodes de la pratique ecclésiale[24].

C'est dans ce contexte que, pour arriver à proposer des solutions aux pratiques ecclésiales, Karl Rahner préconise sa méthode *anthropologique-transcendantale*[25], qui suppose trois postulats :

- Nous vivons désormais dans *une société séculière et pluraliste* où la foi a perdu son évidence ; du coup il y a difficulté à transmettre la vérité chrétienne puisque la société est ouverte à d'autres convictions et visions du monde.
- A ce pluralisme correspond aussi un *élargissement des connaissances* dans tous les domaines du savoir, si bien que le théologien systématique n'arrive pas facilement à accomplir son travail de synthèse.
- De ce qui précède découle automatiquement d'importantes difficultés par rapport à l'annonce chrétienne et à la théologie à faire. A ces difficultés s'ajoute la question du durcissement [*Fixierung*] et de l'incrustation [*Verkrustung*] des concepts

[22] Rosino GIBELLINI, *Panorama de la théologie du XXème siècle*, p. 255.
[23] *Idem*, p. 255.
[24] *Ibidem.*
[25] *Idem*, p. 256.

théologiques qui se présentent comme quelque peu périmés parce que ne correspondant plus à la situation nouvelle de la vie de l'homme moderne[26].

Face à cette difficulté de la congruence réelle entre annonce chrétienne et discours théologiques, qui génère comme corolaire la dure épreuve foi et existence chrétienne. Devant cette crise moderne de la foi, l'urgence était donc d'imaginer une nouvelle méthode de faire la théologie. L'annonce de l'Evangile à travers des réflexions sur le grand mystère de la foi demeure l'intérêt majeur de Karl Rahner dans ce débat. Pour lui, il était question de faire dialoguer les affirmations de la foi chrétienne avec la culture du monde contemporain. La cohabitation entre les deux entités n'étant pas toujours évidente, elle peut être quelquefois un obstacle à l'expression vécue de la foi. Ainsi la nouvelle méthode ne consistera plus à se limiter purement et simplement à la transmission des contenus traditionnels de la foi, mais à la faire coïncider avec l'expérience que l'homme présente de lui-même. Dans ce sens l'objectif vise plus loin que juste le niveau cognitif de la foi, mais la compréhension même de cette vie de foi[27]. Etant donné que Karl Rahner est marqué par le courant théologique post-kantien, avec un emprunt particulier de la philosophie existentialiste du belge Joseph Maréchal, il pense que la relation avec le transcendantal est vertical et horizontal. Cette ouverture sur l'infini du mystère est une condition de la possibilité de l'expérience humaine. Alors que Emmanuel Kant n'admet qu'un seul transcendantal sur le plan horizontal, pour lui, tout sujet bénéficie d'une connaissance scientifique et n'a pas besoin de la voie métaphysique pour aller jusqu'à Dieu[28]. Mais quels sont ces défis modernes de la foi ?

Les grands défis de la foi face à la modernité.

La fin du XVème siècle a marqué le début de plusieurs grands bouleversements. Dans le domaine géographique, Christophe Colomb découvre l'Amérique en 1492, Fernand Magellan (1519-1522) accomplit le premier tour du monde en bateau. Dans le domaine héliocentrique, Nicolas Copernic[29] (1473-1543) découvre que la terre tourne autour du soleil, lequel reste plutôt immobile au centre de la sphère céleste. Par ailleurs, il y a l'invention de

---

[26] Rosino GIBELLINI, *Panorama de la théologie du XXème siècle*, p. 256.
[27] *Idem*, p. 257.
[28] *Idem*, p. 259.
[29] C'est dans ce même sens que Galilée (1564-1642) a toujours voulu toucher du doigt la réalité des choses par une explication. Par-là, le système copernicien (1611) nargue le christianisme sur le passage : « *Il a fondé la terre sur ses bases, elle est à tout jamais inébranlable* » (Ps 104,5). Soulignons par ailleurs que la théorie copernicienne n'est pas en contradiction avec l'Ecriture Sainte, mais elle est comprise à partir d'elle parce que : « *La Sainte Ecriture ne peut ni mentir, ni se tromper [...] Mais ceux qui l'interprètent peuvent se tromper de bien de manières, [...] on aboutirait à des contradictions grossières, à des erreurs, à des doctrines impies [...]* » (cf. Michel LEMONNIER, *L'Affaire Galilée*, Paris, Cerf, 1968, p. 322). K. Rahner se distingue de ces chercheurs par sa volonté de donner à la théologie son caractère scientifique et sa capacité de s'expliquer rationnellement.

l'imprimerie avec Johannes Gutenberg et la mise sur pied du télégraphe électrique (Lesage 1774), qui facilitent la communication entre les hommes. Tous ces nouveaux moyens de communication ont permis aux hommes de mieux se former et se rencontrer. Il a fallu peu de temps pour que les hommes découvrent ce que l'on savait uniquement dans le milieu restreint des savants et des philosophes. Ce choc a engendré chez l'homme moderne un sentiment de soupçon, y compris sur l'idée de Dieu, pour ne considérer que l'homme. C'est ce qui arrivera pleinement avec Friedrich Nietzsche, à travers la proclamation de la mort de Dieu, en faveur du surhomme[30]. Cette référence uniquement à l'homme qui a marqué la civilisation occidentale par le primat de la raison et l'anthropocentrisme, a aussi influencé la religion surtout le christianisme avec une déconnection entre celui-ci et l'évolution de la société. C'est ce que nous voulons examiner de plus près à la suite de Karl Rahner.

- **Le primat de la raison.**

Les modernistes avec René Descartes et la société moderne à leur suite considèrent l'homme comme un sujet dont l'ego fait de lui le maître de la totalité de son existence humaine, à la recherche de son salut au moyen de la raison. Loin de la conception unificatrice de la foi et de la raison de Jean-Paul II dans *Fides et Ratio* qui notait que : « De même que la grâce suppose la nature et la porte à son accomplissement, ainsi la foi suppose et perfectionne la raison »[31], la vision moderne se passe volontiers de la religion et donc de la religion. Bien plus, l'homme moderne recherche le salut comme une possibilité de sortie de l'obscurantisme, de tout salut à consonance mystagogique. Il a oublié que le salut,

> « [...] ne signifie certes pas une situation du futur qui, du dehors, fondrait sur l'homme à l'improviste comme une chose agréable, et désagréable en cas contraire, ou qui ne lui est accordée que sur base de jugement moral, mais il dit l'irrévocabilité de la véritable autocompréhension et du véritable auto-accomplissement de l'homme en liberté devant Dieu par l'accueil de son soi propre, tel qu'il est ouvert à lui, et à lui en propriété remis dans le choix de la transcendance interprétée en liberté. L'éternité de l'homme ne peut s'entendre que comme l'authenticité et l'irrévocabilité de la liberté parvenue à sa pleine maturité. Toute autre réalité ne peut engendrer à nouveau que le temps et non l'éternité, éternité qui n'est pas le contraire du temps, mais la venue à plénitude du temps de liberté »[32].

Qu'en est-il vraiment de l'orientation de la pensée de cette époque et quelle est la réaction de Karl Rahner ? Pour l'époque moderne, l'éternité de l'homme n'est autre chose que son authenticité et le caractère final de sa liberté parvenue à un stade de maturité raisonnée, qui désormais brille de son irrévocabilité. Et cette éternité, si nous voyons bien, n'est pas

---

[30] Henri DE LUBAC, *Le drame de l'humanisme athée*, Paris, Garancière, 8ème éd., 1965, p.44.

[31] JEAN-PAUL II, *Fides et Ratio*, Lettre encyclique sur les rapports entre la foi et la raison, 14 septembre 1998, n° 43.

[32] Karl RAHNER, *Traité fondamental de la foi,* p. 54-55.

différente du temps, mais le temps nécessaire pris pour arriver à la plénitude de la liberté. Emmanuel Levinas dira à ce sujet que :

> « *Le Temps et l'Autre* pressent le temps non pas comme horizon ontologique de *l'être de l'étant* [ce qui est], mais comme mode de *l'au-delà* de l'être, comme relation de la *pensée* à l'autre et – à travers diverses figures de la société en face du visage de l'autre homme : érotisme, paternité, responsabilité pour le prochain – comme relation au Tout Autre, au Transcendant, à l'Infini »[33].

Ce qu'il faut éviter, c'est de créer l'écart entre ce temps et l'être, pour qu'aucune inadéquation ne puisse naître entre l'Etre existant et la réalité de son existence qui se trouve dans sa transcendance et sa liberté. Finalement, la question du salut de l'homme ne saurait trouver une réponse en marge de son historicité[34] et de sa constitution sociale.

Dans cette perspective, Karl Rahner cherchera à mettre en lumière une explication qui repose sur la notion d'« expérience transcendantale de Dieu »[35]. Selon lui,

> « la théologie ne peut se limiter à exhiber un *simple compte rendu historique salvifique*, elle ne peut être tissée seulement de *trames conceptuelles*, elle ne peut se limiter à cultiver la *tendance au déploiement conceptuel* : elle doit se faire théologie transcendantale, c'est-à-dire qu'elle doit pratiquer une réflexion non seulement attentive aux énoncés de la foi, mais attentive aussi à l'auditeur de la parole dans sa subjectivité et son existentialité. Il ne suffit pas d'affûter les couteaux, c'est-à-dire d'affiner les concepts, comme le fait la méthode scolastique, mais il faut s'en servir aussi pour couper »[36] ;

L'auteur procède ainsi à l'élaboration d'une théologie transcendantale qui s'opère continuellement sur deux registres : « le registre de l'objectivité catégoriale et le registre de la subjectivité transcendantale »[37]. Cet univers de sa théologie a montré sa fécondité dans le contexte épistémologique actuel, marqué par la division des savoirs, mais doté d'une puissance unificatrice dans la rationalité. En effet, « la responsabilité du prédicateur est donc aussi un problème épistémologique : celui de l'unité du sujet qui croit, prêche et agit dans le

---

[33] Emmanuel LEVINAS, *Le temps et l'autre*, Paris, PUF, 1ère éd. 1983, 2ème éd. 1985, p. 8.

[34] Pour la question de l'historicité chez Karl Rahner, il faut se référer aux notions de la transcendatalité et la liberté qui ne sont autres choses qu'un déterminisme qui pousse l'homme à être dans le temps comme un sujet libre.

[35] « L'expérience transcendantale de Dieu peut alors être comprise comme dépendante d'un toucher de Dieu au creux de l'âme, expérience paradoxale, à la fois non noétique et non vide. Karl Rahner pose donc une double médiation. L'expérience de Dieu ne s'atteste que de manière aveugle, à travers la médiation de signes qui expriment la présence intime de Dieu et qui en sont le symbole réel ; l'autre médiation est la Révélation positive, sans laquelle cette expérience resterait anonyme et inintelligible, ne sachant rien d'autre que la crainte devant le mystère infini. Le renvoi mutuel de ces deux médiations (signes en l'âme et Écriture sainte) n'est pas autre chose que l'affirmation d'un rapport circulaire entre la *fides qua* et la *fides quae* au plan basilaire où les facultés intellective et volitive sont encore indistinctes, et dont le premier niveau de réflexion, proposé par K. Rahner, est la prise en charge intellectuellement rigoureuse. Il faut donc reconnaître à l'épistémologie théologique rahnérienne, une qualité mystique. » (cf. SENDREZ David, *Le fondement de l'intelligence de la foi selon Karl Rahner*, in *Transversalités* 2016/3 (n°138), p. 69-93, en ligne : https://www.cairn.info/revue-transversalites-2016-3-page-69.htm?contenu=resume).

[36] Rosino GIBELLINI, *Panorama de la théologie du XXème siècle*, p. 260.

[37] *Ibidem.*

monde d'aujourd'hui »[38]. C'est ce qui explique l'obstination de Karl Rahner à placer l'histoire et la liberté de l'homme au cœur de l'existence chrétienne. La tâche de la foi, l'expression de la foi, serait alors ici « plutôt de savoir trouver un sens, de découvrir des raisons qui permettent à tous de parvenir à une certaine intelligence du contenu de la foi »[39]. Il est question dans ce sens de dire non à la spontanéité d'une pensée qui se dérobe du contrôle de la raison humaine, et de la recherche scientifique, se développant indépendamment de la foi et attestant que « la primauté n'appartient pas à la parole de Dieu, mais à la raison »[40]. Ce fut l'erreur des universités au Moyen-âge. Elles pratiquaient une herméneutique profane du livre sacré c'est-à-dire une interprétation philosophique des textes.

Pour Karl Rahner, si réellement nous désirons atteindre et vivre la foi antique c'est-à-dire celle par laquelle on croit, et celle que l'on croit – *fides qua* et *fides quae*, il faut donner à chacun l'opportunité de vivre sa foi d'une manière neuve, sans qu'elle ne soit une simple répétition insensée basée sur le modèle des prédécesseurs. La foi ne saurait jamais être une répétition simple d'un consensus identique, sans visage et sans histoire ; elle est un cheminement qui a une histoire dans la communication *ABSOLUE que Dieu fait de lui-même*[41]. « C'est pourquoi, tout au long de l'histoire, il [l'homme] doit se tenir à l'écoute pour y rencontrer cette ''parole'' qui illumine et fonde l'existence, et à laquelle la raison humaine, qui a l'être pour objet, est ouverte par nature dans son caractère problématique »[42]. Cette historicité de l'homme se comprend comme une détermination dans la temporalité, en tant que sujet libre dans le monde à créer, à transformer et à assumer en toute liberté. Mais l'être historique, n'en est pas moins un être ou un sujet spirituel et libre, un être tourné vers la recherche de son salut. C'est en ce sens que l'on peut comprendre la possibilité du salut ou de perdition, lorsque la liberté dit non au salut. En fait, pour l'accomplissement de l'existence propre du sujet, il est important de promouvoir « [...] l'intercommunication des sujets spirituels dans la vérité, l'amour et la société, l'unité de l'histoire de tous les hommes et l'unité d'une histoire du salut qui est d'entrée de jeu une caractéristique transcendantale de l'histoire personnelle d'un chacun »[43].

Malheureusement aujourd'hui encore, la rationalité scientifique et la culture technique, non seulement tendent à uniformiser le monde, mais dépassent souvent leurs domaines

---

[38] David SENDREZ, *L'expérience de Dieu chez K. Rahner*, p. 23.
[39] JEAN-PAUL II, *Fides et Ratio*, n° 42.
[40] Michel LEMONNIER, *L'Affaire Galilée*, Paris, Cerf, 1968, p. 308.
[41] Karl RAHNER, *Vivre et croire aujourd'hui. Méditations théologiques*, Paris, Desclée, 1967, p. 44.
[42] Rosino GIBELLINI, *Panorama de la théologie du XXème siècle*, p. 255.
[43] Karl RAHNER, *Traité fondamental de la foi*, p. 56-57.

spécifiques ; elles ont la prétention de définir le périmètre des certitudes liées à la raison, uniquement par le critère empirique de leurs propres conquêtes. Ainsi, le pouvoir des capacités humaines finit par se considérer comme la mesure de l'action, détachée de toute norme morale. Cette prétention démesurée génère de manière parfois confuse, la demande croissante de spiritualité et du surnaturel, signe d'une inquiétude qui réside dans le cœur de l'homme sans horizon transcendant, sans Dieu. C'est en fait une situation de sécularisme qui caractérise avant tout les sociétés d'antique tradition chrétienne, détruisant le tissu culturel qui, jusqu'à une période récente, bénéficiait de cette référence unifiante, capable d'embrasser l'existence humaine toute entière et d'en rythmer les moments les plus significatifs, de la naissance au passage à la vie éternelle[44].

Ce passage, appelle au courage du rajeunissement permanent de la foi. Le rôle du prêtre pasteur revêt ici une place de valeur dans la communication de l'expérience de la grâce surnaturelle. Cette mystique fait partie des évidences de l'existence chrétienne auxquelles aucun être ne saurait échapper, même s'il lui arrivait de négliger cette réalité, ou s'il s'obstinait à ne pas lui donner sens, ou ne pas vouloir les vivre[45]. Cette tâche d'aider le chrétien à ne pas vivre un christianisme dénudé de sens, sans idéal et sans intelligence demeure l'urgence de tout temps. Une vie de foi sans intelligence et sans idéal est un énorme danger pour la croissance religieuse et sociale de toute personne tournée vers l'autre.

- **L'anthropocentrisme.**

Karl Rahner comprend l'anthropocentrisme, comme un repli sur soi exagéré et dominé par le rationalisme et la volonté manifeste de se passer de Dieu. A cet effet, il « propose de pratiquer en théologie une *approche anthropologique*, qui part de l'auto-expérience de l'homme et qui se demande comment la vérité chrétienne peut lui correspondre. Il s'agit d'un processus méthodologique qui ne subordonne pas la foi à l'expérience, mais qui est indispensable pour combler le fossé qui s'est creusé entre la révélation et l'expérience humaine »[46]. Il en découle une méthode anthropogique-transcendantale qui consiste à : distinguer entre un *a priori* et un *a posteriori*[47].

---

[44] BENOÎT XVI, Discours à l'assemblée de la conférence épiscopale italienne, Jeudi 24 mai 2012, en ligne : https://w2.vatican.va/content/benedict-xvi/fr/speeches/2012/may/documents/hf_ben-xvi_spe_20120524_cei.html, (consulté le 18/07/ 2018).

[45] Karl RAHNER, *Vivre et croire aujourd'hui*, p. 78.

[46] Rosino GIBELLINI, *Panorama de la théologie du XXème siècle*, p. 257.

[47] *Ibidem*. NB. L'*a priori* est un non acquis qui est toujours donné avec l'existence humaine et le *transcendantal* – irréfléchie et athématique, mais qui rend possible la réalité catégoriale : connaissance, action et les autres

De ce qui précède, le christianisme cherche à se comprendre comme une religion d'amour qui reconnaît en toute personne qui demeure dans l'amour son existence en Dieu et Dieu en lui[48]. Déjà Sigmund Freud présentait le christianisme comme une religion soucieuse autant du développement de l'humanité que de celui de l'individu, car l'amour est le principal, sinon le seul facteur de civilisation qui détermine le passage de l'égoïsme à l'altruisme[49]. Ceci veut dire que l'amour que prêche le christianisme conduit à un dépassement qui pousse à faire un détour pour se donner à l'autre, par l'avoir et par l'être. Cette réalité qui promeut l'épanouissement de l'humanité par la pratique de l'amour, Karl Rahner la pense en termes de « communication en vue de la connaissance et de l'amour » à l'image de « la connaissance et l'amour vrais et immédiats de Dieu en lui-même » c'est-à-dire « l'autocommunication la plus réelle de Dieu »[50].

Seulement cette ouverture du christianisme à l'humanisme a souvent contribué au désenchantement de l'homme face à la religion. L'homme de science Dietrich Heinrich Kepler a voulu taire toute idée de Dieu, en affirmant : « Même si l'on pouvait prouver mathématiquement que Dieu existe, [cela ne voudrait] pas dire qu'il existe, parce qu'il limiterait [l'homme] dans sa grandeur »[51]. Cette citation dit en profondeur toute la volonté de l'homme d'éradiquer Dieu du circuit sociétal. C'est d'ailleurs l'élan de pensée de Friedrich Nietzsche lorsqu'il déclare que « Dieu n'est autre chose que le miroir de l'homme »[52]. C'est simplement une logique qui répond à cette grande préoccupation des maîtres du soupçon : l'homme, en certains de ses états forts et exceptionnels où il prend conscience de la puissance qui est en lui, ou de l'amour qui le soulève, serait-il définitivement incapable d'organiser la terre sans Dieu ? Pour eux, chercher Dieu traduirait par le fait même la reconnaissance d'une certaine imperfection que l'homme cherche à combler dans un être qu'on estime grand, « infini, éternel, immuable, tout connaissant, tout puissant. Tous ces attributs de Dieu témoignent d'une façon évidente du maximum de perfection ou d'être, de l'absence de tout ce qui serait une limitation, un manque, une impuissance »[53]. A la place de cette idéalisation, ils proposent de laisser à l'homme, la latitude de s'expérimenter comme sujet et de voir les limites de sa liberté. C'est à partir de cette expérience de ses limites que le « sujet éprouve le

expériences humaines et l'a postériori il est *catégorial* c'est-à-dire réfléchi, thématisé et classable de diverses manières – ici on considère le monde de l'expérience humaine dans ses contenus).

48 Henri DE LUBAC, *Le drame de l'humanisme athée*, p.106.

49 Sigmund FREUD, *Essais de psychanalyse*, Paris, Payot, 1967, P.124.

50 Karl RAHNER, *Traité fondamental de la foi,* p. 146.

51 Henri DE LUBAC, *Le drame de l'humanisme athée*, p. 47.

52 *Idem*, p. 36.

53 René DESCARTES, *Discours de la méthode,* « Suivi des méditations », n° 38, Paris, Hatier, 1965, p.130.

caractère subjectif de son action [même s'il ne peut engager à son propos une réflexion de cette sorte], et c'est là, en un sens originaire, que l'on fait l'expérience de la responsabilité et de la liberté comme fondement de son existence propre »[54].

Pour Emmanuel Levinas cette réalisation de soi dans le temps et dans l'espace engage l'existence de tout l'être qui lui donne tout le crédit de pouvoir répondre de ses actes. Dans « ''Le Temps et l'Autre'', il pressent le temps non pas comme horizon ontologique de *l'étant* [ce qui est], mais comme mode de *l'au-delà* de l'être, comme relation de la *pensée* à l'autre – à travers diverses figures de la société en face du visage de l'autre homme : érotisme, paternité, responsabilité pour le prochain – et comme relation au Tout Autre, au Transcendant, à l'Infini »[55]. Il est donc question d'une certaine maturité de l'homme qui amène l'être à un développement intense de l'amour de l'autre. Malgré tout, pour Karl Rahner, il convient de reconnaître que l'homme dans une existence est un être qui doit être reconnu et identifié par sa transcendance et sa liberté propre sans toutefois méconnaître son dynamisme d'être mondain, temporel, historique. Ces présupposés sont importants pour poser et reconnaître le vrai message du christianisme, pour le saisir dans toutes les dimensions de la vie et de l'histoire, car « la question du salut ne peut recevoir de réponse en marge de son historicité et de sa constitution sociale »[56]. Malheureusement, dans un monde où Dieu continue d'être exclu de l'horizon de tant de personnes par l'indifférence, la fermeture ou le refus, le discours sur Dieu devient quelque chose de subjectif ; il est réduit à un fait intime et privé, marginalisé de la conscience publique. Telle est l'origine de la crise qui blesse le monde actuel en créant une crise spirituelle et morale, une crise qui passe par l'abandon et le manque d'ouverture au Transcendant. L'homme prétend avoir une identité complète uniquement par lui-même ; ce qui l'empêche de redécouvrir et d'accueillir à nouveau ce don précieux qu'est la foi, de connaître de façon plus profonde les vérités qui sont la sève de sa vie, de conduire et reconnecter l'homme d'aujourd'hui à une rencontre renouvelée avec Jésus Christ[57]. Quel impacte cela aurait-il sur le christianisme ?

- **Un christianisme déconnecté des réalités humaines.**

La vague de sécularisation qui a eu pour répercussion religieuse une forte déchristianisation n'a pas manqué d'ébranler nombre de chrétiens. Pourtant le langage

54 Karl RAHNER, *Traité fondamental de la foi,* p. 52-53.
55 Emmanuel LEVINAS, *Le temps et l'autre*, p. 8.
56 Karl RAHNER, *Traité fondamental de la foi,* p. 55.
57 BENOÎT XVI, Discours à l'assemblée de la conférence épiscopale italienne, jeudi 24 mai 2012, en ligne : https://w2.vatican.va/content/benedict-xvi/fr/speeches/2012/may/documents/hf_ben-xvi_spe_20120524_cei.html, (consulté le 18/07/ 2018).

chrétien doit demeurer crédible et ferme, même si le sens de ce qui est fondamental soulève des interrogations et même des doutes. Pour Karl Rahner, cela passe par le maintien d'une connexion interactive entre le chrétien, l'Eglise et la société, à travers une vie concrète vécue dans la dimension humaine la plus totale. Ce qui veut dire qu'il ne suffit pas pour être chrétien d'une simple déclaration, ou de s'afficher par un enthousiasme d'appartenance ; il faut le prouver par la vie. A ce sujet Karl Rahner écrit :

> « Le christianisme n'est pas la création idéologique d'un enthousiasme religieux, d'une expérience religieuse de l'individu, mais survient à l'individu sur le chemin où, par ailleurs, il reçoit sa vie, également d'un point de vue spirituel, de l'histoire. [Plus encore], personne ne se développe ni ne se déploie lui-même, pour ainsi dire, à partir de la structure de son essence telle que donnée par avance de façon purement formelle, mais il reçoit la concrétude de sa vie de la communauté des hommes, d'une intercommunication, d'un esprit objectif, de l'histoire, d'un peuple, d'une famille, et il ne la déploie jamais (fût-ce celle qui lui est la plus propre et la plus personnelle) que dans la communauté »[58].

La communauté et plus généralement, la société est donc, pour le chrétien, le lieu par excellence du déploiement de son être chrétien, de son engament baptismal. C'est dans sa propre histoire que le chrétien doit exprimer sa foi chrétienne, c'est là qu'il est appelé à révéler le nouveau visage de l'homme sauvé, transfiguré par Dieu ; il doit en ce sens être à même de donner un signal fort au monde en déshumanisation permanente. L'aptitude à cerner le véritable problème spirituel qui affecte tant de croyants, afin de traquer et de délocaliser le mal qui gît dans les communautés chrétiennes, jusqu'à enlaidir l'Eglise du Christ permettra de retrouver l'observance d'une pratique chrétienne jusque dans ses moindres détails, en « rendant raison de l'espérance qui est en nous » (1P 3, 15). Urs Von Balthasar corrobore à cette nécessité de l'adéquation entre enseignement chrétienne et vie qu'il justifie avec justesse que, c'est « celui qui enracine le plus profondément la substance chrétienne dans la matière du monde temporel et qui *l'incarne* le plus essentiellement »[59], qui est réellement et substantiellement chrétien et membre de l'Eglise[60]. Il insiste sur l'appartenance à une communauté et sur l'engagement du croyant, car il serait maladroit, voire prétentieux de limiter la vie chrétienne uniquement à la régularité dominicale ou encore moins juste à la participation aux grandes fêtes chrétiennes. Pour aller plus loin, Karl Rahner souligne la nécessité de faire corps avec les autres membres de l'Eglise pour qu'elle soit réellement le lieu de l'expérience et de la manifestation de l'amour de Dieu et du prochain. Par ces deux *amours*, le chrétien a l'occasion de saisir l'Eglise comme visibilité historique du présent de Dieu qui se communique dans un don que l'homme ne peut bâtir simplement de lui-même.

---

[58] Karl RAHNER, *Traité fondamental de la foi,* p. 432.
[59] Urs Von BALTHASAR, *Qui est chrétien ?,* col. « Perspective », Paris, Salvator, 2ème éd., 1968, p.48.
[60] *Idem*, p. 93.

C'est pourquoi, l'Eglise devient pour notre auteur justement visibilité, lieu, assurance et réalisation de la promesse historique d'un Dieu qui nous aime d'une part, et d'autre part, de respecter la loi et de pratiquer les vertus pour la transformation du milieu humain [61].

A cet effet, Karl Rahner pose plusieurs préalables d'un christianisme incarné. Il faut que le chrétien développe une croyance fraternelle, qui n'a rien à voir avec le souci d'un accroissement quantitatif. Il faut qu'il soit en mesure d'attester et de prouver ce qu'on vit soi-même dans les larmes et la prière, ou à tout le moins ce qu'on cherche à vivre. Cela veut dire lutter chaque jour contre la routine des innombrables formules théologiques, du nombre infini des recettes morales que nous avons apprises et transmises, souvent sans les avoir réellement comprises[62]. Lorsque ce ciment est mal posé, il crée des dommages monstrueux ; on risque de ne labourer dans l'homme que la surface qui peut être labourable, et on laisse « en friche un non *man's land* hérissé de touffes d'interrogations, de doutes, d'aspirations et d'insatisfactions de tous genres »[63]. Même le théologien d'aujourd'hui, le prêtre en l'occurrence, doit avoir le courage de confesser son incapacité de maîtriser tout le savoir de l'inépuisable contenu de la science de Dieu. Comme le *laïc*[64], il n'est pas un expert de Dieu, il demeure un homme qui cherche, qui interroge, qui doute, autant que tout autre homme imbu d'amertume[65], essayant à sa manière de balbutier sa profession de foi. Avec les autres membres de l'Eglise, il doit vivre une foi fraternelle qui laisse apparaître une emprunte incisive toujours et partout, une foi authentique aux yeux de Dieu[66], une foi acquise et comprise, qui traduit l'existence chrétienne dans la réalité concrète de la vie de l'homme. Comme dirait Emmanuel Levinas : « exister dans le monde, c'est agir, mais agir de telle sorte qu'en fin de compte l'action a pour objet notre existence elle-même »[67].

Pour se réaliser dans un milieu concret, l'Eglise doit encourager tous les fidèles à une présence plus incisive dans le monde à l'instar des chrétiens du 1er siècle (Ac. 11, 19-21 ; Rm 16, 1-16 ; Phil 4, 3). Notre temps ne fait pas exception ; il « n'exige pas un moindre zèle de la

---

[61] Karl RAHNER, *Traité fondamental de la foi*, p. 442.
[62] Karl RAHNER, *Vivre et croire aujourd'hui*, p. 54.
[63] Jean-Marc ELA, *De l'assistance à la libération. Les tâches actuelles de l'Eglise en milieu africain*, Limete/Kinshasa, Epiphanie, 1981, p.7.
[64] Le Magistère définit les laïcs comme *« tous les fidèles, à l'exclusion des membres engagés dans un ordre sacré et dans un état religieux reconnu par l'Eglise ; c'est-à-dire les fidèles qui, après avoir été incorporés au Christ par le baptême, ont été associés au Peuple de Dieu et rendus à leur manière participants de l'office sacerdotale, prophétique et royal du Christ, et qui exercent pour leur part la mission au peuple chrétien tout entier dans l'Eglise et dans le monde.»*(CONCILE VATICAN II, Constitution dogmatique ''de *Ecclesia''*. *Lumen Gentium*, n° 31).
[65] Karl RAHNER, *Vivre et croire aujourd'hui*, p. 54.
[66] *Idem*, p. 59.
[67] Emmanuel LEVINAS, *Le temps et l'autre*, p. 45-46.

part des laïcs ; [...car] les circonstances actuelles réclament d'eux au contraire un apostolat toujours plus intense et plus étendu »[68]. Dès lors, la foi des chrétiens aujourd'hui doit s'appuyer sur l'*événement pentécostal,* en vue de bâtir une communauté, avec des personnes unanimes, qui tiennent compte de l'expérience des autres, et qui manifestent la ferme volonté de transmettre ensemble leur expérience de foi vécue. Manifestement, tous doivent développer un esprit d'ouverture, de confiance totale en se laissant conduire par l'Esprit qui agit aussi dans les autres et qui nous sera communiqué par eux et enfin donné pour les autres[69]. A travers l'exercice de cette vie fraternelle, le chrétien expérimente une certaine intercommunication dans l'accomplissement même de sa propre foi, le besoin de rencontrer l'autre comme un frère. Un tel rapport vécu de manière existentielle est essentiel pour la foi de l'homme d'aujourd'hui[70]. C'est une grosse erreur que de penser affermir sa foi en piochant tout seul dans les livres, en restant chez soi en écoutant des prédications à la radio ou à la TV. La croissance spirituelle passe par la force du contact fraternel pour ne pas priver l'Eglise de ce que Dieu vous donné : le témoignage, l'expérience. Il faut donc éviter de vivre sa foi aujourd'hui comme les contemporains de Noé et de Loth, vautrés dans une vie de routine et d'égoïsme (Lc 17, 26-37). Ceci pour ne pas se retrouver handicapé à exercer pleinement son ministère de chrétien à cause de sa propre exclusion de l'Eglise. C'est la raison pour laquelle il faut s'exhorter mutuellement (He 10, 25 et 1Th 5, 11), car c'est aussi dans cette attention manifestée à l'autre que Dieu se réalise en chaque homme. Et c'est là que l'homme se sent en sécurité, protégé par l'Eglise (Ac 14, 19-20) du goût du luxe de vivre et de servir seul, afin de se laisser soutenir par ses prières, son affection, etc. Finalement, il est important de promouvoir l'ecclésialité qui nourrit la spiritualité et l'apostolat du laïc face aux défis de notre monde moderne.

Pour nous introduire dans la réflexion sous-jacente à notre recherche, ce chapitre nous a donné la possibilité de parcourir le contexte de la pensée de Karl Rahner, afin d'essayer de comprendre sa ligne théologique. Pour lui, l'homme s'identifie tout autant par la transcendance, qui l'ouvre à Dieu, que par l'élan de sa propre liberté en tant qu'être mondain, temporel, historique. Un tel homme, pour maintenir sa foi éveillée, doit faire face aux mutations du monde, avec ses besoins nouveaux. Il doit faire dialoguer les affirmations de sa foi chrétienne avec la culture du monde contemporain, pour une cohabitation des deux mondes. Il doit avoir ce courage de conciliation pour éviter que la foi ne sombre dans ce

[68] CONCILE ŒCUMÉNIQUE VATICAN II, Décret de *Apostolicam Actuositatem*, n° 1.
[69] Karl RAHNER, *Vivre et croire aujourd'hui*, p. 52.
[70] *Idem*, p. 51.

grand mouvement de retour du paganisme. Comme l'a si bien écrit le pape Jean-Paul II, « à la suite de ces transformations culturelles, certains philosophes, abandonnant la recherche de la vérité pour elle-même, ont adopté comme but unique l'obtention d'une certitude subjective ou d'une utilité pratique. La conséquence en a été l'obscurcissement de la véritable dignité de la raison, qui n'était plus en état de connaître le vrai et de rechercher l'absolu »[71]. Le chapitre a à cet effet, relevé le drame de la sécularisation et de la déchristianisation résultant de ces courants sans Dieu et proposer plutôt l'unité des deux amours au cœur d'une même vie, la vie chrétienne. Quelles sont alors les caractéristiques et exigences de l'existence chrétienne dans cette modernité ?

[71] JEAN-PAUL II, *Fides et Ratio*, n° 47.

CHAPITRE 2. LE DEFI DE L'EXISTENCE CHRETIENNE FACE A LA MODERNITE : CARACTERISTIQUES ET EXIGENCES.

Dans ce monde d'aujourd'hui en pleine mutation, marqué par la triple dérive du rationalisme, de l'anthropocentrisme et de la déconnexion de la foi avec la réalité vécue, Karl Rahner, maintient une double conviction : d'une part l'homme certes libre se définit plus fondamentalement par son ouverture au transcendant mais, d'autre part le choix de la foi chrétienne ne peut être vécu ni abstraitement ni en solitaire ; au contraire la foi professée doit être insérée dans l'existence concrète et vécue dans la dynamique communautaire, c'est-à-dire en Eglise.

A la lumière de ce qui précède, le présent chapitre va s'efforcer d'élucider comment Karl Rahner entrevoit quelques essentielles de l'attitude chrétienne dans le monde. Pour notre auteur en effet, dans ce monde complexe, l'attachement à la foi chrétienne doit être libre, responsable, réaliste, ouvert à l'espérance, enraciné dans la pratique sacramentelle. Telles sont les caractéristiques ou les exigences de la foi chrétienne que les lignes qui suivent vont s'efforcer d'analyser.

Le défi de la liberté de l'homme.

Comme nous l'avons vu dans le premier chapitre, les maîtres du soupçon ont rejeté l'idée de Dieu au nom de la liberté, c'est-à-dire la « faculté de décider de soi-même et de se faire soi-même »[72]. Mais il y a lieu de préciser qu'il ne faut pas réduire cette liberté au refus de Dieu. « Originairement et primairement, en effet, un non à Dieu dans l'accomplissement un et total de l'existence de l'homme en sa liberté une et non réitérable, un tel non à Dieu n'est pas originairement le résultat simplement moral que nous totalisons à partir des actions singulières bonnes ou mauvaises, [...] »[73]. Pour Karl Rahner la manifestation négative de la liberté face à Dieu, est en réalité portée par un oui inavoué au Dieu transcendent[74]. De toutes les façons, devant la grandeur de Dieu, l'individu doté de liberté existentielle et ontologique ne saurait faire le poids avec la transcendance qui lui dit oui. Face à cette grandeur, il n'y a pas deux possibilités : l'homme doit d'abord dire oui à cette transcendance qui le dépasse, et ce n'est que dans un second moment qu'il peut dire non. Bien plus, cette liberté de l'homme n'est jamais absolue, puisqu'elle se vit toujours dans une communauté, dans une relation. En

---

[72] Karl RAHNER, *Traité fondamental de la foi. Introduction au concept du christianisme*, Paris, Centurion, 1983, p. 53.
[73] *Idem,* p. 121.
[74] *Idem*, p. 122.

effet, l'homme « reçoit la concrétude de sa vie de la communauté des hommes, d'une intercommunication, d'un esprit objectif, de l'histoire, d'un peuple, d'une famille et il ne la déploie jamais (fût-elle celle qui lui est la plus propre et la plus personnelle) que dans la communauté »[75].

Cet argumentaire est vrai pour le chrétien, mais tout aussi valable pour celui que Karl Rahner appelle le *chrétien anonyme*. Celui-ci comme le chrétien, accueille « sans réserve l'entière et concrète vie humaine, avec toutes ses aventures, absurdités, incompréhensibilités, [...] dans l'*ultime* profondeur où s'accomplit son existence. La seule différence est que le chrétien, une fois baptisé, a accès aux sacrements, fait partie d'un groupe déterminé de la paroisse locale, mène un style de vie exemplaire, contrairement au non-chrétien qui ne profite pas de toutes ces réalités que nous venons d'énumérer[76]. Si dans le vécu de sa foi, le chrétien, reste ouvert, accueillant, compréhensif vis-à-vis des autres, sans réduction aux préceptes qui lui sont imposés, alors cette réalité porte vraiment le nom d'une vie chrétienne vécue en toute liberté. En somme, la liberté « n'est autre que l'ouverture à tout, sans exception : ouverture à la liberté absolue, à l'amour absolu, à l'illimitation absolue de la vie humaine dans la relation immédiate à Celui que nous nommons Dieu »[77]. Cette liberté fait appel de la part du chrétien, à l'adoption d'une vie équilibrée, stable et responsable. Dans le contexte de la modernité, la foi doit pouvoir inciter « la raison à sortir de son isolement et à prendre volontiers des risques pour tout ce qui est beau, bon et vrai. La foi se fait ainsi l'avocat convaincu et convaincant de la raison »[78]. En ce sens la liberté appelle la responsabilité.

La responsabilité comme vertu de la liberté.

Le monde moderne est un monde presqu'entièrement tourné vers la production, la consommation et la course après le temps. Un monde de démesure sans fin où tout est envisageable sans réserve de fond. Un tel monde embrouillé dans un tourbillon de propositions, oblige le chrétien à prendre des résolutions fermes, responsables et pratiques à même de lui permettre de ramer à contre-courant de la tendance commune de la modernité. Il est ainsi conduit à voir le monde, les choses, l'homme, les œuvres en homme conscient des responsabilités qu'il a et en *termes scientifiques,* afin d'être plus proche de la réalité et de la vie[79]. C'est ce que rappelle bien cette invite de Jean-Paul II aux chrétiens de Mogila : « Vous

[75] Karl RAHNER, *Traité fondamental de la foi,* p. 432.
[76] *Idem*, p. 447.
[77] *Ibidem.*
[78] JEAN-PAUL II, *Fides et Ratio*, Lettre encyclique sur les rapports entre la foi et la raison, 14 septembre 1998, n° 56.
[79] Rosino GIBELLINI, *Panorama de la théologie du XXème siècle*, p. 247-248.

avez construit l'Église ; construisez votre vie avec l'Évangile »[80] ! Autrement dit, soyez responsables de votre vie, de votre existence chrétienne en observant les principes évangéliques et les normes éthiques, sans toutefois perdre de vue toute l'exigence afférente à ce qui tire son origine de l'absolu de Dieu.

En fait, même animé de très bonne volonté pour faire le bien à travers l'observation des commandements, l'homme reste cependant fragile. Il a besoin de fournir des efforts pour maintenir l'équilibre « [...] entre ce qu'il est et ce qu'il doit être »[81], c'est-à-dire ce qui est recommandé pour vivre les valeurs chrétiennes. Le christianisme le proclame comme une règle objective, que tout homme a la capacité d'accomplir ces valeurs en principe, « dans le mouvement de son existence, avec pleine confiance et courage, et dans l'ouverture à Dieu »[82]. Cependant dans la praxis chrétienne courante, cet homme *capax Dei* que nous considérons suffisamment objectif est aussi capable du péché. L'on voit par exemple que l'homme athée qui ne croit pas à la plénitude infinie de toutes les valeurs dans leur unité, est en deçà de cette réalité immédiatement tangible qui se propose à lui-même, en auto-communication par grâce, comme la plénitude et le sens dernier de son existence »[83] ; c'est là un déphasage vital. Au contraire le chrétien responsable n'a pas peur devant Dieu ; ce qui importe pour lui, c'est l'abandon total à Dieu et à sa grâce, qui accompagne son effort éthique. Cette personne-là, le vrai chrétien, est toujours *« simul justus et peccator »*[84]. Deux attitudes diamétralement opposées de l'homme qui en réalité, est capable de Dieu et peut choisir pour un oui ou un non. Pourtant, même avec une foi non implicite, inavouée, l'homme peut espérer être sanctifié par le Saint Esprit de Dieu. Sa profession de foi s'exprime alors seulement dans son humanité, en toute vérité[85]. Assumer le poids de la responsabilité de l'agir humain, pas d'abord comme chrétien, mais comme personne en relation avec Dieu, avec autrui, et avec soi-même, c'est accepter simplement son être là devant Dieu, un *dasein* d'abord plein d'abandon. Ce chemin de responsabilité donne à l'être qui sait et qui s'inscrit dans le processus de familiarisation avec Dieu la grâce offerte à l'homme de goûter et de vivre une expérience heureuse du réalisme chrétien. Tout cela exprime l'amour total de Dieu pour le genre humain.

---

[80] *Homélie* au sanctuaire de la Sainte-Croix, Mogila, 9 juin 1979, en ligne : http://w2.vatican.va/content/john-paul-ii/fr/homilies/1979/documents/hf_jp-ii_hom_19790609_polonia-mogila-nowa-huta.html, (consulté le 11/03/2019).

[81] Karl RAHNER, *Traité fondamental de la foi*, p. 452.

[82] *Idem*, p. 453.

[83] *Idem*, p. 455.

[84] *Idem*, p. 456. La même expression se retrouve chez Luther, le chrétien est « juste et pécheur ». (Cf. Christophe BOURGEOIS, « Simul justus et peccator ». *Les enjeux d'une formule conflictuelle*, en ligne : https://www.revue-resurrection.org/Simul-justus-et-peccator (consulté le 28/03/2019).

[85] *Ibidem.*

Le réalisme chrétien, une expérience de la foi vécue.

Pour Karl Rahner, le chrétien est cet homme qui donne à Dieu toute la place qui lui convient dans sa vie, même s'il lui est donné d'expérimenter des moments sombres, obscures, amères, rudes, qui dépassent souvent son imagination. S'il vit tous ces événements avec foi, alors on peut dire qu'il répond effectivement à ce qu'on attend de lui. En effet,

> « Tout combat existentiel, toute espérance d'avenir au niveau du monde – étant présupposé qu'il se soumette à la mort – sont permis au chrétien, et même exigés de lui. Mais il n'est chrétien que s'il croit que tout le positif, le beau, l'épanouissement se doit de passer par ce que nous appelons mort. Le christianisme est la religion qui reconnaît comme signe de victoire, expression, la plus réaliste de la vie humaine, Celui qui fut cloué au bois pour y mourir de la mort violente, et qui de cela a fait son signe propre »[86].

Ainsi, l'existence chrétienne dans le monde ne peut être dissocié de celui de tout existant. Urs Von Balthasar le reconnaît aussi et le précise en ces termes : « [...] Le Christ sollicite l'homme de prendre cette décision qui, loin d'être conçue comme simple porte d'entrée dans la vie chrétienne [qui serait alors au-delà], concorde déjà initialement, mais essentiellement avec cette existence ».[87] La décision du choix de ce qu'on veut représenter dans la vie est importante. Dans le cas d'espèce, on est chrétien et on s'engage à vivre les vertus de la religion chrétienne, soit on ne l'est pas et on se contente d'être ce qu'on est comme être humain, mais tendu et espérant à la miséricorde de Dieu. Le tout étant toujours en vue de l'épanouissement du chrétien qui décide de suivre le Christ et de l'homme appelé à le suivre.

Aborder la question du réalisme chrétien implique l'investissement de chaque personne à mener une vie vertueuse qui réponde aux exigences chrétiennes, dans l'ouverture à l'Esprit qui souffle où il veut et quand il veut, afin de faire atteindre ce qui est proprement chrétien en Jésus-Christ. Dans cette perspective, même le *chrétien anonyme*, pense Karl Rahner, peut également être justifié et vivre dans la grâce de Dieu, avec la seule différence qu'il n'a l'autocommunication gracieuse que comme une offre. Au contraire, le chrétien accueille et possède cette grâce divine qui produit en lui l'essentiel des valeurs que le christianisme tente de transmettre. En fait d'un côté, l'autocommunication transcendantale de Dieu comme offre à la liberté de l'homme est un existential de tout homme et, d'un autre côté en Jésus Christ, cette auto-communication de Dieu au monde a atteint son terme et son point culminant[88].

---

[86] Karl RAHNER, *Traité fondamental de la foi,* p. 449.
[87] Urs Von BALTHASAR, *Qui est chrétien ?* p. 57.
[88] Karl RAHNER, *Traité fondamental de la foi,* p. 203.

En somme par sa libre auto-communication, Dieu manifeste sa grâce infinie à quiconque s'ouvre à lui, ce qui ne diminue en rien l'immanence et l'immensité de sa richesse. Les chrétiens sont invités dès lors à se réjouir des merveilles que Dieu réalise dans le cœur de tant d'hommes qui vivent les vertus chrétiennes, même s'ils ne se prononcent pas encore explicitement sur leur appartenance religieuse. La réponse de Jésus à la complainte de ses disciples au sujet de l'individu qui chasse les esprits mauvais au nom de Jésus sans être de leur et qu'ils ont voulu l'en empêcher (Mc 9, 38-40), doit toujours revenir à la mémoire. Parce qu'ils posent les mêmes œuvres qu'eux, les chrétiens doivent considérer tous les hommes de bonne foi, ces *chrétiens anonymes,* comme des frères. Leur espérance est qu'ils deviennent tous un jour des chrétiens authentiques.

L'espérance, l'armature chrétienne.

Comme examiné précédemment, la vie chrétienne connaît des moments de crise spirituelle, de persécution, ou de souffrance humaine qui peut éprouver la foi. Le chrétien est ainsi appelé à travers ces différents moments, à jauger la grandeur de la foi face à la vanité, la désillusion du monde. L'option à prendre consiste à « se livrer librement, et pour ainsi dire sans esprit de système, à la réalité de la vie, sans *absolutiser* ni la vie terrestre ni la mort ; cela justement on ne le peut que si l'on croit et espère que le tout de ce que représente notre vie comme expérience possible est enveloppé du mystère saint de l'amour éternel »[89]. Comme au temps de l'exil à Babylone, de ceux qui ont été déportés ou de ceux qui sont restés à Jérusalem, les vrais croyants n'ont pas abandonné la foi ; la Bible les a identifiés au « petit reste » d'Israël (Sophonie 3, 13). C'est donc à juste titre que les belles formules du Pape Benoît XVI : « ceux qui gardent encore allumés la lumière de la foi » ou encore les « minorités créatives »[90], pourraient bien désigner ceux qui croient et espèrent, même au milieu de la crise du monde moderne. Il s'agit de ceux-là qui donnent une direction à l'avenir, tout en étant submergés sinon par les eaux du déluge (Gn 7-8), du moins par les séquelles du déluge.

Face aux défis du monde actuel, l'espérance comme armature chrétienne, doit être vécue plus qu'intensément au sein des petites communautés, qui deviendront ainsi de véritables lieux de persévérance active du témoignage évangélique. Cependant, ce témoignage persévérant ne peut être fructueux que dans la mesure où ces dites communautés ont accès

---

89 Karl RAHNER, *Traité fondamental de la foi,* p. 450.

90 BENOÎT XVI, Voyage apostolique en république tchèque (26 septembre 2009), *Rencontre avec les journalistes au cours du vol vers Prague,* en ligne : https://w2.vatican.va/content/benedict-xvi/fr/speeches/2009/september/documents/hf_ben-xvi_spe_20090926_interview.html (consulté le 12/03/2019).

aisément à la parole de Dieu. En effet, aujourd'hui plus que jamais, les communautés chrétiennes ne peuvent rayonner que de la beauté et de la clarté de la Parole de Dieu dans laquelle elles sont appelées à s'enraciner. Sans cette accessibilité et cette ouverture à l'Ecriture, elles demeurent enfermées dans les ténèbres de l'esclavage de l'ignorance et du péché. Cette mise en garde contre toute barrière restrictive à la vérité chrétienne de Urs Von Balthasar, contemporain de Karl Rahner est parlant à propos :

> « Le fait essentiel est ici qu'on tend à la vérité de Dieu et du Christ en écartant dans ce but, tous les rideaux dont l'écran empêche le regard de pénétrer jusqu'aux origines chrétiennes – les rideaux, ce pourraient être toutes les formulations ultérieures, ecclésiastiques, catéchétiques et dogmatiques, de la révélation. Dans ce mouvement, le chrétien veut ''entendre, voir et toucher'' le ''Verbe de vie'', maintenant qu'on le lui permet enfin. Nous sommes stupéfaits en considérant le passé où tant de fils de fer barbelés étaient tendus autour du texte sacré qu'en le touchant on courait le risque de s'attirer le choc électrique d'une excommunication, tel le peuple d'Israël à qui défense était faite de toucher au pied du Sinaï, sous peine de mourir »[91].

La logique du Verbe incarné selon le prologue de saint Jean, en tant que la Parole de Dieu faite chair, n'a été que proximité :

> « Et le verbe s'est fait chair, et il a habité parmi nous » (1,14). Le verbe en fait n'est pas devenu homme « non parce que chacune des Personnes divines pourrait devenir homme, mais parce qu'à partir de la proposition : Dieu s'est donné à nous comme homme en immédiateté d'histoire, l'on comprend que Dieu, le fondement originaire que l'on ne saurait embrasser – son nom est Père –, a réellement en notre faveur un Logos, c'est-à-dire la possibilité d'un don de lui-même en histoire, tel qu'il est lui-même, et que ce Dieu est fidélité historique, et en ce sens le Vrai, le Logos »[92].

Si donc le Logos est devenu homme, cette humanité n'est pas ce qui est donnée par avance, mais ce qui devient, et ce qui surgit dans l'être et l'existence quand et dans la mesure où le Logos s'extériorise. Cet homme, précisément comme homme, est l'autodiction de Dieu dans son auto-*ex*tériosation, parce que Dieu *se* dit justement quand il *s'ex*tériorise, lorsqu'il se fait connaître lui-même comme Amour, lorsqu'il voile la majesté de cet Amour et se montre comme le commun des hommes [93].

La formation des petites communautés pour l'homme de ce temps, peut permettre donc d'approfondir le contenu de la foi chrétienne. Dans leur mission, ces entités ecclésiales sont à même d'éclairer tout esprit dans la connaissance de Dieu, et d'aider tout chrétien à se libérer de toutes les entraves l'empêchant d'avancer. Pour ce faire, Balthasar souhaite que « l'Ecriture soit exposée au peuple dans une langue qui lui est compréhensible et qu'elle lui soit interprétée dans une homélie, que donc l'homélie soit une docile interprétation et non une « allocution » ou une prédication quelconque sur n'importe quel sujet [...] »[94]. Par ailleurs,

---

[91] Urs Von BALTHASAR, *Qui est chrétien ?* p. 32.
[92] Karl RAHNER, *Traité fondamental de la foi,* p. 244.
[93] *Idem,* p. 253.
[94] Urs Von BALTHASAR, *Qui est chrétien ?* p. 37.

puisque toute communauté chrétienne vit des célébrations liturgiques, le renouveau liturgique contribue dans la même perspective missionnaire à briser certaines habitudes conservatrices en rendant évidentes les choses qui auraient dû l'être depuis belle lurette. C'est la question de l'enracinement dans la vie sacramentelle même.

L'enracinement dans la pratique sacramentelle.

Avant d'aller plus loin dans la réflexion de ce point, reprenons la compréhension que Vatican II, a des sacrements. Pour ce concile :

> « les sacrements ont pour fin de sanctifier les hommes, d'édifier le Corps du Christ, enfin de rendre le culte à Dieu; mais, à titre de signes, ils ont aussi un rôle d'enseignement. Non seulement ils supposent la foi, mais encore, par les paroles et par les choses, ils la nourrissent, ils la fortifient, ils l'expriment; c'est pourquoi ils sont dits sacrements de la foi. Certes, ils confèrent la grâce, mais, en outre, leur célébration dispose au mieux les fidèles à recevoir fructueusement cette grâce, à rendre à Dieu le culte voulu, et à exercer la charité. »[95].

Karl Rahner ne s'éloigne pas de cette compréhension, et c'est l'Eglise elle-même qu'il envisage d'abord comme sacrement, c'est-à-dire

> « comme moyen du salut par lequel Dieu propose tangiblement son salut aux individus jusque dans la dimension du social et de l'historique, [...] Ce qui veut dire : elle est un signe, et pas simplement le salut lui-même. Mais dans la mesure où l'Eglise est permanence du don que Dieu fait de lui-même en Jésus-Christ, en tant que lui est Parole ultime, victorieuse, salvifique dans le dialogue entre Dieu et le monde, l'Eglise est justement le signe efficace, et, dans cette mesure, ce que l'on nomme alors, en l'appliquant aux sacrements un à un, *opus operatum*. [...] De ce point de vue, l'Eglise est le signe, la manifestation historique de l'autocommunication de Dieu qui s'impose victorieusement. »[96]

Par le sacrement de l'eucharistie, l'individu est introduit dans la communion avec le Christ, *tête* et *chef* de l'Eglise (Col 1, 18 et Eph 5, 23). La dernière cène de Jésus avec ses apôtres nous replonge à suffisance dans le fondement de l'eucharistie (Lc 22, 14-23 et 1Co 11, 23-26). A ce moment précis, Jésus se donne en prononçant des paroles toutes simples et courageuses. En effet,

> « la signification fondamentale est l'idée de la mort : Jésus accueille consciemment son destin, et l'articule au contenu qui fait le centre de son annonce. En outre, Jésus comprend ce repas, d'un point de vue eschatologique, comme anticipation de la joie festive définitive. Enfin, l'idée de la communauté est constitutive de ce repas de Jésus, le lien de Jésus avec ses amis et la fondation de la communauté de ces amis tiens les uns avec les autres ».[97]

Or, nous sommes en face d'une société qui cherche à dématérialiser ce lien, parce que : « La civilisation - disait Chesterton - est en avance sur l'âme de l'homme, et elle produit plus vite qu'il ne peut penser »[98]. Du coup, on peut voir qu'il y a un défi qui guette l'Eglise et peut contribuer à compromettre son union totale à Dieu. Pour cela, le choix du chrétien doit

---

[95] CONCILE ŒCUMÉNIQUE VATICAN II, Constitution dogmatique, *Sacrosanctum Concilium,* n° 59.

[96] Karl RAHNER, *Traité fondamental de la foi,* p. 457-458.

[97] *Idem,* p. 470.

[98] Rod DREHER, *Comment être chrétien dans un monde qui ne l'est plus. Le pari bénédictin,* (traduit de l'anglais – Etats-Unis par Hubert DARBON), Paris, Artège, 2017, p. 9.

être clair ; être permanemment établit, dans sa vie, en Dieu qui lui-même est amour, communion. Pour favoriser cet enracinement, la régularité de la vie sacramentelle peut être posé comme piste de solution et le témoignage missionnaire comme moyen pour remédier à la question de défection actuelle de la foi.

L'expérience eucharistique, une réalité à vivre.

« Faites ceci en mémoire de moi », c'est la recommandation testamentaire du Christ au dernier repas quand il donne son corps et son sang en « signes de sa présence et source de vie éternelle »[99]. Le mot eucharistie vient du verbe grec *eukharistía,* qui signifie *action de grâce* ; c'est ce qui constitue toute la nature et la trame de la messe. Et comme disait le pape Jean-Paul II, « la messe est à la fois et inséparablement le mémorial sacrificiel dans lequel se perpétue le sacrifice de la croix, et le banquet sacré de la communion au corps et au sang du Seigneur »[100]. Dans ce mémorial, se vit un moment ou un événement passé dans une célébration présente qui l'actualise et le prolonge dans l'avenir. Cet acte revêt une double dimension : « Une dimension verticale : reconnaître l'action de Dieu, son don gratuit et total, et faire remonter vers lui la louange – le sacrifice est *action de grâce*, reconnaissance du lien originel avec le créateur et du don réalisé ; une dimension horizontale exprimée dans la *communion* du repas partagé »[101]. Et ce repas donne la possibilité au croyant de vivre ce mémorial sacrificiel quotidiennement s'il le désire car l'Eglise offre cette possibilité à ses fidèles parce qu'elle en connaît la valeur, elle connait les bienfaits de ce sacrement pour les fidèles. Vivre l'eucharistie est plus que son aspect liturgique visible ; « cette vérité n'exprime pas seulement une expérience quotidienne de foi, mais elle comporte en synthèse le cœur du mystère de l'Eglise. Dans la joie, elle fait l'expérience, sous de multiples formes de la continuelle réalisation de la promesse : « Et moi, je suis avec vous tous les jours jusqu'à la fin du monde (Mt 28, 20) »[102]. Et On comprend pourquoi Vatican II la proclame « comme source et sommet de toute vie chrétienne »[103].

En soulignant la force de l'eucharistie dans la communication de la grâce, son ecclésialité qui est une présence visible du Christ, Karl Rahner commence par reconnaître que:

---

[99] Marie-France BERGERAULT, *Une rencontre à vivre. Le sacrement.* « Les sacrements », Paris, Vie chrétienne, 2017 p. 71.
[100] JEAN-PAUL II, *Ecclesia de Eucharistia*, Lettre encyclique, sur *l'Eglise vit de l'Eucharistie*, Rome, 2003, n° 12.
[101] Marie-France BERGERAULT, *Une rencontre à vivre. Le sacrement.* « Les sacrements », p. 75.
[102] JEAN-PAUL II, *Ecclesia de Eucharistia*, n° 1.
[103] *Ibidem.*

« l' « effet » de l'Eucharistie n'est donc pas à penser seulement comme un effet individuel, survenant dans l'individu, par lequel celui-ci obtient la participation personnelle à la vie de Jésus, et la grâce de réaliser cette participation dans une vie « chrétienne » (au sens strict : la vie de Jésus Christ par l'amour, l'obéissance et la gratitude face au Père, représentant le pardon et la patience), mais avant tout comme un effet social sur un plan ecclésiologique ; [...] L'Eucharistie est alors évidemment aussi, en tant que sacrement de la présence la plus radicale, la plus réelle de son Seigneur dans cette célébration sous les espèces du pain et du vin, l'accomplissement suprême de l'essence de l'Eglise elle-même, parce que justement elle n'est et ne veut être en rien d'autre que la présence du Christ dans l'espace et le temps »[104].

Du coup, dans son exercice tout comme dans sa participation, on ne peut se contenter de répéter machinalement ce grand mystère que l'Eglise célèbre avec foi. Il faut y entrer parce que nous y formons une même famille avec tous ceux qui sont nés de l'eau de baptême. Il ne peut pas demeurer au seuil de ce mystère à vivre. D'ailleurs, dès l'origine, les premiers chrétiens se sont montrés « assidus à l'enseignement des apôtres, fidèles à la communion fraternelle, à la fraction du pain et aux prières » (Ac 2, 42). Bien plus, il faut entrer dans ce mystère en se montrant solidaire de tous les enfants de l'Eglise qui connaissent l'épreuve de la foi et de la vie. En effet, l'institution de l'eucharistie anticipait sacramentellement les événements qui devaient se réaliser peu après, à partir de l'agonie à Gethsémani. C'est pourquoi, le chrétien qui a participé véritablement à la célébration eucharistique devrait se comporter en homme renouvelé dans toute sa personne pour devenir un moteur dynamique et un témoin dans son milieu d'existence. L'eucharistie n'est pas un moment d'émotivité vécu en présence du Christ et qui ne change pas grand-chose dans l'être chrétien ; au contraire pour être en mesure de changer la société, il convient de bénéficier chaque jour de la vie sacramentelle ; ce qui permet de maintenir le lien avec Dieu et d'en témoigner. Cela requiert une certaine permanence et une fréquentation régulière à ce sacrement ainsi qu'aux autres sacrements.

L'immanence et la régularité de la vie sacramentelle.

Par le baptême le chrétien est configuré au Christ et par l'eucharistie il communie et s'unit à lui, par la confession il se réajuste à lui, avec l'onction des malades, il s'abandonne à lui et par les sacrements de service il se donne à lui. La vie sacramentelle est immanente au chrétien et sa permanence est une exigence du quotidien. Malheureusement de nos jours,

« La pratique religieuse régresse mais l'instinct religieux se manifeste partout. Le décalogue est désappris tandis que des lois passagères revendiquent un caractère sacré. La pudeur baisse la garde devant le libertinage et jamais l'obscénité n'a été aussi codifiée et puritaine. La morale est discréditée et la société contemporaine reste déchirée par des problèmes éthiques. Nous avons décrété acquise la liberté de penser et la pluralité des opinions, et la sécularisation offre le spectacle navrant d'une guerre entre des

104 Karl RAHNER, *Traité fondamental de la foi*, p. 472.

orthodoxies irréconciliables, auxquelles seules la lassitude, le hasard, l'urgence et l'arbitraire offrent un répit trompeur »[105].

Quoique cette fréquentation régulière des sacrements et l'acquis de ses valeurs ne vont plus de soi dans nos sociétés actuelles, « l'expérience quotidienne est comme un être aux prises avec des grains de sable [le catégorial], mais – en tant qu'expérience de vérité, de la liberté et de l'amour et d'autres expériences profondément humaines – elle habite toujours aussi *sur le rivage de la mer infinie du mystère* [le transcendantal]»[106]. L'exhortation du pape Benoît XVI rappelle cette urgence de sortir de cette tiédeur de la foi dans le monde :

> « Chers frères, notre premier, véritable et unique devoir demeure celui d'engager notre vie pour ce qui vaut et demeure, pour ce qui est réellement fiable, nécessaire et ultime. Les hommes vivent de Dieu, de Celui que souvent, de façon inconsciente ou seulement à tâtons, ils recherchent pour donner à l'existence sa pleine signification : nous avons le devoir de l'annoncer, de le montrer, de conduire à sa rencontre. Mais il est toujours important de nous rappeler que la première condition pour parler de Dieu est de parler avec Dieu, de devenir toujours plus des hommes de Dieu, nourris par une intense vie de prière et façonnés par sa Grâce. Saint Augustin, après un chemin de recherche difficile, mais sincère, de la Vérité, était finalement arrivé à la trouver en Dieu. Il se rendit alors compte d'un aspect singulier qui remplit son cœur d'émerveillement et de joie : il comprit que tout au long de son chemin, c'était la Vérité qui le cherchait et qui l'avait trouvé. Je voudrais dire à chacun : laissons-nous trouver et saisir par Dieu, pour aider chaque personne que nous rencontrons à être touchée par la Vérité. C'est de la relation avec Lui que naît notre communion et que naît la communauté ecclésiale, qui embrasse tous les temps et tous les lieux pour constituer l'unique Peuple de Dieu »[107].

Ce peuple de Dieu, n'est pas une abstraction mais une communauté réelle, capable d'aimer le prochain, capable aussi de mettre les autres au-devant de ses propres priorités et désirs, en toute vérité et droiture, car la pratique de la foi chrétienne passe par le « corps », par ce que Karl Rahner nomme la *visibilité*[108]. Cette visibilité du vécu chrétien passe par la pratique de la foi, le temps et la pratique pastorale.

- **Pratiquer la foi, qu'est-ce à dire ?**

L'observation de la vie des premiers chrétiens permet de saisir véritablement, ce qu'est la pratique de la foi. Déjà ceux qui croyaient en Jésus, comme leur Seigneur et leur Sauveur ressuscité, furent vraisemblablement appelés *les saints* (Ac 9, 13.32.41 ; 26, 10, etc.) et aussi bien sûr, la *communauté de Dieu*, par reprise de la désignation d'Israël dans l'A.T. Cette désignation « *communauté de Dieu* », *Eglise de Dieu*, fut d'abord appliquée à quelques communautés judéo-chrétiennes, ensuite à celle pauliniennes et finalement à l'Eglise dans son ensemble (Ac 20, 28 ; 1Tm 3, 15, etc.)[109]. Ces chrétiens étaient des personnes possédées et

---

105 Rod DREHER, *Comment être chrétien dans un monde qui ne l'est plus. Le pari bénédictin*, p. 10.

106 Rosino GIBELLINI, *Panorama de la théologie du XXème siècle*, p. 259.

107 BENOIT XVI, *Discours* à l'assemblée de la conférence épiscopale italienne, jeudi 24 mai 2012, en ligne : https://w2.vatican.va/content/benedict-xvi/fr/speeches/2012/may/documents/hf_ben-xvi_spe_20120524_cei.html (consulté le 18 juillet 2018).

108 Karl RAHNER, *Traité fondamental de la foi,* p. 471.

109 *Idem,* p. 375-376.

animées par l'Esprit de la Pentecôte. Dans la communauté, ils ressentaient et vivaient l'expérience de la communauté eschatologique du salut, à la recherche d'une vie de sainteté[110]. A ce sujet, Karl Rahner fait remarquer que « Luc, dans sa théologie de l'Eglise, a sans aucun doute mis plus clairement en évidence le fait qu'entre l'entrée de Jésus dans le ciel et son retour, existe réellement un temps de l'Eglise »[111], lequel se déroule jusqu'à la révélation de cette dimension eschatologique définitive qui s'est produite dans le milieu du temps, le temps de Jésus »[112]. Ce temps de l'Eglise implique d'imprégner la foi dans les méandres de la vie courante, c'est là qu'il faut vivre avec dynamisme sa foi. Sans cela dit Jésus, ce « Royaume de Dieu vous sera enlevé, et il sera donné à un peuple qui en produira les fruits » (Mt 21, 43).

Or il convient de noter que l'intégration dans la communauté ecclésiale passe inévitablement par le baptême et sa vie tient de l'eucharistie. Le corps mystique du Christ vit de ce corps reçu à la cène où les disciples étaient tous rassemblés autour du Christ. C'est cette belle expérience de la pratique de la foi qui a été et doit continuer d'être au cœur du « Faites ceci en mémoire de moi » (Lc 22, 19) ; c'est une expérience pratique vécue en présence du Maître. Comment répondre à cet appel du Christ, et perpétrer cette chose fondamentale pour la vie de la communauté sans communion ? Pour donner une idée et montrer le bien fondé de faire Eglise – de faire Corps du Christ avec les autres membres, il est intéressant de revenir sur la compréhension de ce que peut représenter pour nous la pratique de la foi. D'abord il faut noter que pratiquer la foi, peut vouloir représenter pour certains, l'acte de se rendre à la messe, pour d'autres, c'est l'engagement dans une vie associative, en famille et introduire dans les habitudes familiales, l'accueil des voisins, etc. dans toutes ces conceptions, il n'y a pas normalement d'opposition qui tienne entre celui qui prie et celui qui agit, car la mi-temps n'existe pas pour le chrétien entre les deux réalités : tout se tient, tout va ensemble.

La pratique de la foi est quant à l'apôtre Paul, l'opération d'un retournement radical, une vraie conversion qui fait place à tout un style nouveau de vie : « Jadis vous étiez ténèbres, mais à présent vous êtes lumières dans le Seigneur ; conduisez-vous en enfants de lumière ; » (Eph 5, 8). L'expérience des disciples d'Emmaüs après la mort du Maître en Lc 24, 13-35, met justement en relief ce retournement chrétien. Complètement déçus et sans espérance, découragés par les événements qu'ils venaient de vivre, les disciples sont rejoints dans leur marche par le maître qui écoute avec intérêt leur désarroi, ouvre leur esprit à l'intelligence des

---

[110] Karl RAHNER, *Traité fondamental de la foi*, p. 376.
[111] *Idem*, p. 376-377.
[112] *Ibidem*.

Ecritures, et au bout de leur chemin, il partage le pain, événement inouï qui ouvre leurs yeux sur leur véritable identité de disciple du Christ : témoins de la résurrection et les annonciateurs de la Bonne Nouvelle. Il n'est plus question de se cantonner sur leur déception et peur de jadis. Rien n'est plus comme avant, le cœur totalement renouvelé s'opère dans leur vie un retournement, l'heure est au témoignage car l'Eucharistie, lieu de la rencontre et de la révélation du ressuscité leur a tout apporté et les met en route.

Au regard de la place irremplaçable et indispensable de l'Eucharistie dans la vie de foi, il doit exister un lien très étroit entre l'Eucharistie et vie chrétienne ; d'ailleurs la foi professée, la foi célébrée et la foi vécue ne sont jamais dissociées. En participant à la vie de l'Eglise dans les célébrations eucharistiques, chacun arrive à tirer profit des richesses qui débordent de ce grand mystère, pour son quotidien et sa relation avec les autres. Comment gérer ce quotidien de la foi dans l'espace temporel alloué comme temps d'engagement à chacun ?

- **La diversité des temps.**

L'homme contemporain plus qu'hier semble en tout domaine, être pris dans l'engrenage d'une course sans fin après le temps. Cette mutation permanente conditionnée par le temps, impacte non seulement sur l'homme mais aussi sur les sciences et les pratiques de foi. C'est du moins le même constat que fait Karl Rahner lorsqu'il affirme que les temps ont changé même par rapport à l'initiation en matière de la théologie, qui n'est plus une discipline réservée aux candidats qui se destinent au sacerdoce. Aujourd'hui pense-t-il, le théologien « n'est ordinairement pas enraciné dans une foi qui – portée par un milieu religieux homogène, à tout commun – irait de soi. Même le théologien vit une foi exposée, une foi qui ne va absolument pas de soi, une foi qu'aujourd'hui il faut toujours conquérir à nouveau, et toujours à reconstruire. Il n'a pas à en avoir honte »[113]. C'est la foi à l'épreuve du temps. Pour l'auteur cela change toute la visée de la théologie car ce fait pose la question de la justification non pas pédagogique et dialectique du *Traité*, mais épistémologique de la foi[114], logée au premier niveau de la réflexion. Cependant, observe notre auteur « les disciplines concrètes, telles qu'elles sont proposées aujourd'hui, n'y suffisent pas à elles seules. Elles sont trop de la « science pour la science », trop dispersées et éclatées pour répondre vraiment et de manière satisfaisante à la situation personnelle qui est, aujourd'hui, celle de l'étudiant en

---

[113] Karl RAHNER, *Traité fondamental de la foi*, p. 17.
[114] *Idem*, p. 19.

théologie »[115]. De même que la théologie doit revoir sa méthode, de même pour Karl Rahner elle doit arriver à s'arrimer à la vérité du temps et de l'homme concret dans son contexte spatio-temporel. Il faut donc aller plus loin que les simples conceptions qui se limitent uniquement au respect scrupuleux du Jour du Seigneur. Le langage de Dieu proclamé ne sera théologie que si « elle parvient à nouer un contact avec l'ensemble de l'autocompréhension profane de l'homme propre à une époque déterminée, où elle arrive à dialoguer avec elle, à la faire sienne, à s'en laisser féconder sur le plan du langage, mais plus encore sur celui de la ''chose'' » même »[116].

Cette nouvelle logique Rahnérienne permet d'éviter de jouer au gendarme de la foi et de l'avenir de la foi des personnes. Car,

> « le temps est supérieur à l'espace [...], la grande question n'est pas : où se trouve l'enfant physiquement, avec qui il est en ce moment, mais : où il se trouve dans un sens existentiel, où est-ce qu'il se situe du point de vue de ses convictions, de ses objectifs, de ses désirs, de son projet de vie. Par conséquent, les questions que je pose aux parents sont : « Essayons-nous de comprendre ''où'' en sont réellement les enfants sur leur chemin ? [...] »[117].

Rappelons toutefois que nous sommes héritiers d'un temps que nous situons déjà dans la régularité dominicale parce que c'est le jour de la résurrection du Christ. Et nous savons que dans la tradition juive, le temps a commencé par être différencié avec le sabbat dès Gn 2, 1-4 comme libération de tout ce qui pourrait aliéner l'homme (vie professionnelle, des engagements çà et là). Et le Pape Jean Paul II parlant du dimanche disait que :

> « Le jour du Seigneur — ainsi que fut désigné le dimanche dès les temps apostoliques (1) — a toujours été particulièrement honoré dans l'histoire de l'Église, à cause de son lien étroit avec le cœur même du mystère chrétien. En effet, dans le rythme hebdomadaire, le dimanche rappelle le jour de la résurrection du Christ. C'est la *Pâque de la semaine*, jour où l'on célèbre la victoire du Christ sur le péché et sur la mort, l'accomplissement de la première création en sa personne et le début de la « création nouvelle » (*2 Co* 5,17). C'est le jour où l'on évoque le premier jour du monde dans l'adoration et la reconnaissance, et c'est en même temps, dans l'espérance qui fait agir, la préfiguration du « dernier jour », où le Christ viendra dans la gloire (*Ac* 1,11; *1 Thess* 4,13-17) et qui verra la réalisation de « l'univers nouveau » (*Ap* 21,5) »[118].

Le contenu théologique du Jour du Seigneur est profond selon le développement du Pontife, qui le lie non seulement à l'histoire des hommes, mais le place au cœur même de celle-ci c'est-à-dire du temps. D'où sa célébration régulière comme acte pratique de la foi.

---

115 Karl RAHNER, *Traité fondamental de la foi,* p. 18.

116 *Idem,* p. 20.

117 FRANÇOIS, *Amoris Laetitia,* Exhortation apostolique post-synodale, sur l'Amour dans la famille, n° 261.

118 JEAN-PAUL II, *Dies Domini*, Lettre apostolique, sur la *Sanctification du dimanche*, Vatican, le 31 mai 1998, n° 1, en ligne : http://w2.vatican.va/content/john-paul-ii/fr/apost_letters/1998/documents/hf_jp-ii_apl_05071998_dies-domini.html (consulté le 27/09/2019).

« La résurrection de Jésus est la donnée première sur laquelle repose la foi chrétienne (*1 Co* 15,14): c'est une réalité stupéfiante, perçue en plénitude dans la lumière de la foi, mais attestée historiquement par ceux qui eurent le privilège de voir le Seigneur ressuscité ; c'est un événement merveilleux qui ne se détache pas seulement d'une manière absolument unique dans l'histoire des hommes, mais qui se place *au centre du mystère du temps*. Comme le rappelle en effet le rite de la préparation du cierge pascal, dans la liturgie expressive de la nuit de Pâques, c'est au Christ qu' « appartiennent le temps et les siècles ». C'est pourquoi, faisant mémoire du jour de la résurrection du Christ, non seulement une fois par an, mais tous les dimanches, l'Église entend montrer à chaque génération ce qui constitue l'axe porteur de l'histoire, auquel se rattachent le mystère des origines et celui de la destinée finale du monde »[119].

Dès lors, face au manque du temps pour un temps spécifique pour soi, pour la famille où s'assume la parentalité et même pour la rencontre communautaire, la vérité est que « le chrétien a besoin d'un autre chrétien qui lui dispense la Parole de Dieu. Il en a besoin, encore et encore, lorsqu'il perd ses certitudes et son courage, car il ne peut espérer s'aider lui-même sans trahir la vérité. II a besoin de son frère, qui porte et proclame la parole divine du salut. [...] Sans vrai contact avec les autres, l'amour n'existe pas»[120]. Afin de renverser la tendance actuelle à la vie solitaire et arriver à susciter l'envie de la régularité à la vie sacramentelle, on peut par exemple également miser à un déplacement temporel de la catéchèse le jour de dimanche et simplifier les signes qui disent la foi. En effet, il est nécessaire que les fidèles comprennent facilement les signes des sacrements pour qu'ils fréquentent de la façon la plus assidue les sacrements qui nourrissent la vie chrétienne. L'Eglise sacrement fondamental hébergeant en son sein les sept sacrements qui ne doivent pas être compris dans la perspective d'une négociation d'affaire avec Dieu, mais d'une grâce reçue, sur un terrain propice où se réalise l'événement de l'autocommunication divine dans la réception des sacrements. Mais,

« partout où l'homme accueille sa vie, s'ouvre à l'incompréhensibilité de Dieu et en elle se laisse tomber, partout donc où, dans l'intercommunication, dans l'amour, dans la fidélité, dans une tâche ouverte aussi à l'intérieur du monde, à l'avenir de l'homme et de l'humanité, il accueille sa transcendantalité surnaturelle, advient aussi l'histoire du salut et de la Révélation de Dieu lui-même, lequel se communique à l'homme par les médiations de toute la profondeur et de toute la largeur de la vie humaine »[121].

Il est clair que l'histoire du salut, dans ce que nous appelons sacrements est le fruit de l'histoire en claire visibilité, qui est identique à la vie de l'homme, qui ne peut plus être détruite, et qui est proposée tangiblement aux individus jusque dans la dimension du social et de l'historique dans une liberté et de compréhension de la singularité de l'être[122]. Sinon, « plus la vie humaine devient complexe, plus l'homme devient différencié jusque dans l'Eglise, et il en a le droit, [...] »[123]. Il n'est pas question d'une légèreté dans la gestion de

---

119 JEAN-PAUL II, *Dies Domini*, n° 2.

120 Rod DREHER, *Comment être chrétien dans un monde qui ne l'est plus. Le pari bénédictin*, p.112.

121 Karl RAHNER, *Traité fondamental de la foi,* p. 457.

122 *Ibidem.*

123 *Idem,* p. 436.

certains problèmes sociaux du chrétien ; l'impératif des réponses aux questions de l'heure que sont entre autres le combat pour le silence, l'amitié avec le Christ, la question de l'évangélisation des jeunes, celle des divorcés remariés, etc., impose aux théologiens et aux pasteurs une réflexion plus que rigoureuse sur les attitudes et les éclairages vitaux à la mesure des interrogations des hommes de ce temps ; les éclairages du théologien et l'accompagnement du pasteur, connaissant eux-mêmes la portée de l'enjeu pastoral pour le bien du peuple peuvent impacter sur la permanence et la régularité des fidèles dans la vie sacramentelle.

- **L'enjeu pastoral de la régularité de la vie sacramentelle.**

Il est question pour le pasteur de développer des attitudes pastorales adaptées et susceptibles de mieux inciter les fidèles à une vie sacramentelle constante. Dans la préparation du sacrement de baptême par exemple, conduire les candidats à ce sacrement à comprendre que dans ce cheminement, « l'homme est l'événement de l'autocommunication de Dieu, libre, gratuite et qui pardonne, ordonnée à la proximité et à l'immédiateté absolues »[124], est si déterminant qu'il change complètement leur conception de la catéchèse et du christianisme même.

> « Le christianisme n'est plus en ce moment un endoctrinement portant sur des situations, des faits, des réalités toujours les mêmes, mais il tient dans l'annonce d'une histoire de salut, d'un agir salvifique et d'un agir de révélation de Dieu en l'homme et avec l'homme ; et en même temps (parce que cet agir de Dieu s'adresse à l'homme comme sujet de liberté), il est aussi l'annonce d'une histoire du salut et de la perdition, de la Révélation et de son interprétation, qui se trouve faite aussi par l'homme lui-même, de telle sorte que cette histoire une de la Révélation et du salut – portée tout à la fois par la liberté de Dieu et par celle de l'homme – constitue une unité »[125].

L'essentiel pour le pasteur averti serait de faire passer la personne d'une démarche sociale à une expérience de rencontre personnelle. Cette démarche sociale de la rencontre passe aussi par les expériences dures de la vie, et l'accueil de nouveaux membres au sein de la communauté. D'où la nécessité de travailler pour que les communautés deviennent des communautés ouvertes et accueillantes. De ce fait, il serait plus qu'opportun de les décoder de tous leurs codes qui rendent hermétiques bien des communautés. Parlant, des codes, nous voulons signifier par-là que les membres d'une communauté se campent dans un registre fermé dans lequel, gestes, paroles, cellules structurelles, etc. deviennent si imperméables pour les nouveaux venus qu'ils se sentent totalement étrangers. Promouvoir l'esprit d'ouverture à la diversité, en accueillant la richesse de la différence venue d'ailleurs qui doit intégrer l'ordre de la spiritualité, de l'esthétique liturgique, de la sensibilité

[124] Karl RAHNER, *Traité fondamental de la foi*, p. 163.
[125] *Ibidem.*

missionnaire et de la manière de vivre en communauté, révolutionnera à coup sûr le visage des communautés chrétiennes. Car, mieux la communauté sera accueillante aux diversités propres en interne, mieux elle aura à les cultiver, à les développer comme des richesses, comme des complémentarités, à même de bâtir une communauté célébrante.

Plus encore, il faut noter que la régularité dans la vie sacramentelle suppose aussi faire communauté autour de la vie fraternelle, des agapes, de la prière communautaire, toute chose qui génèrent des relations privilégiées. Et cette relation peut tenir dans l'Eucharistie qui est le puits intarissable de la grâce de Dieu. Et la différence sur l'importance de ce sacrement est que certains sacrements nous sont donnés une fois pour toute, mais le sacrement de l'Eucharistie trouve son sens du fait qu'il nous est offert continuellement pour faire Eglise. De cette manière, l'Eucharistie nous est proposée au quotidien pour l'ecclésia qui devrait et doit se réaliser « dans l'Eglise locale concrète, dans l'inter-subjectivité humaine concrète de chrétiens qui croient et qui espèrent, non moins que dans la concrétude du quotidien »[126].

En face de cette invitation à la culture d'entretenir la régularité, certains vont la désirer tous les jours et d'autres moins ; ce qui démontre clairement qu'il y aura besoin de nourrir ce qui a été donné. C'est une graine qui aura été mise, si on n'arrive pas à la faire pousser, elle ne va pas bien se développer. En même temps, ce n'est pas seulement la personne qui est responsable, mais toute la communauté ecclésiale. Puisque « l'Eglise est davantage qu'une simple organisation pratique, humainement inévitable, pour l'accomplissement et la satisfaction de besoins religieux. Le christianisme, comme événement de salut, comme acte de Dieu nous concernant et comme réponse de l'homme à cette ultime autocommunication de Dieu, est ecclésial »[127]. C'est le lieu où se vit l'amour pour Dieu et des hommes, amour qui s'exprime clairement dans la vie humaine quand il est pris définitivement comme un don, comme quelque chose que l'on peut construire avec la grâce de Dieu[128], pour le bien de son peuple. Cet engagement pastoral n'est rien d'autre finalement qu'une manière d'être missionnaire aujourd'hui.

- **Les incidences missionnaires de la vie sacramentelle.**

L'incidence missionnaire du chrétien au sein de la société selon Karl Rahner, passe inexorablement par le témoignage de sa vie sacramentelle et surtout la prise de conscience permanente de l'effet de cette vie sacramentelle en lui. Pour cette raison, son union à Dieu par

126 Karl RAHNER, *Traité fondamental de la foi,* p. 443.
127 *Idem*, p. 387-388.
128 *Idem*, p. 442.

la foi doit le sortir et le mettre en chemin. Comme un privilégié qui a reçu la grâce de Dieu, « en qui se réalise l'événement de l'autocommunication divine »[129] à travers les sacrements, il doit donc se hâter de bâtir l'amour et la fidélité avec une dimension d'ouverture au monde, à l'avenir de l'homme et de l'humanité[130], lieux de la présence permanente de Jésus Christ dans l'espace et dans le temps.

- **Le but de l'action missionnaire.**

Comme nous l'avons attesté plus haut, l'homme de notre temps, connaît le poids de la modernité et traverse des moments troubles tant au niveau de son équilibre psycho-social, que dans sa relation avec le transcendant. Ce bouleversement a été l'objet d'un cri d'alerte au Moyen-Âge par l'évêque de Poitiers. Il disait :

> « M. L'évêque de Potiers gémit sur le trop grand de chrétiens indifférents qui se bornent à croire sans pratiquer : ''Nous venons, très chers frères, vous entretenir de cette indifférence qui, sans exclure les convictions de la foi, un sentiment d'intérêt pour ce qui vient de Dieu, un fonds d'attachement à la saine doctrine, et même la pratique de quelques observances, tient pourtant éloigné de la voie droite, et empêche de rendre à Dieu, avec les conditions voulues le culte de gloire et d'amour qu'il exige. Or, cette indifférence est-elle bien étendue ? Les hommes qui la professent sont-ils nombreux ? Hélas, très chers frères, ils se trouvent dans chaque condition, dans tous les rangs de la société ; c'est le mal de notre époque, la plaie saignante de l'Eglise : elle est plus ou moins dans chaque famille, et nous pouvons le dire sans crainte d'exagérer, elle atteint la masse des chrétiens de nos jours »[131].

Devant ce constat inquiétant relatif à la défection de la foi, comment devrait se comporter le missionnaire dans l'Eglise de son temps ? Quel moyen emprunter pour tenter de redonner l'ardeur de la foi à ceux dont la foi s'est attiédie dans les pratiques dominicales, ou sacramentelles ? Les exhortations sporadiques suffisent-elles ? Ou faut-il simplement se contenter du « petit reste » ? La crise de la défection de la foi désoriente et arrache tant de chrétiens à leurs engagements baptismaux.

Pour cette époque, et principalement pour être une voix efficace à l'endroit des baptisés ou de ceux qui s'y préparent, il y a urgence à fonder dans les différents milieux de vie des lieux phares dont l'objectif serait de refonder une chrétienté digne et adaptée à cette époque en fixant au préalable un changement de mentalité. Ceci pour la simple raison qu'il est présentement inconcevable, voir incompréhensible que le chrétien aperçoive « l'homme

---

[129] Karl RAHNER, *Traité fondamental de la foi,* p. 457.

[130] *Ibidem.*

[131] *''Mandement de NNS L'archevêque et les évêques pour le Saint Temps de carême de 1846''*, L'ami de la religion, samedi, (14 mars 1846), p. 627, en ligne : https://books.google.cd/books?id=G_p1COU85y8C&pg=PA621&lpg=PA621&dq=L'ami+de+la+religion,+samedi,+14+mars+1846&source=bl&ots=pmioqGD0N2&sig=P1IaVrj-ZC4MSq3dq74AzoEmp88&hl=fr&sa=X&ved=2ahUKEwiz-syqsPTcAhWEXMAKHTDkB6wQ6AEwAHoECAIQAQ#v=onepage&q=L'ami%20de%20la%20religion%2C%20samedi%2C%2014%20mars%201846&f=false (consulté le 10 mai 2018).

comme être de liberté susceptible d'une décision définitive face à Dieu »[132]. Tout est mouvant et inconstant dans cette relation à Dieu. « C'est pourquoi il nous faut aussi prolonger pour ainsi dire dans l'avenir ce que nous expérimentons maintenant comme notre possibilité de liberté, et (en nous reportant à la troisième étape) dire quelque chose de la possibilité que se perde absolument la liberté de l'homme parvenue à son état définitif, et donc dire quelque chose de « l'enfer »[133]. Il y a toujours une chance pour tout homme (Lc 23, 32-43 – l'épisode des deux bandits crucifiés avec Jésus), et le chrétien peut toujours l'expérimenter dans « l'Homme-Dieu, crucifié pour nous et pour nous ressuscité, lui qui demeure pour l'éternité, nous savons, en foi chrétienne et en espérance incoercible, que l'histoire du salut, malgré le caractère dramatique et incertain de la liberté de l'individu, a pour l'ensemble de l'humanité, une issue positive, de par la grâce propre et toute-puissante de Dieu »[134].

Une réserve à l'idée de la *perdition définitive* de l'homme s'impose et appelle à reconnaître que cet homme qui est en face de moi, est encore en train de poursuivre sa route d'histoire. Pour cet homme, il faut parer à « mettre de côté les éventualités, sans que, dans une anticipation de doctrine théorique positive concernant une apocatastase – laquelle affirme le salut de tous absolument –, il soit en mesure, de façon indiscrète, de lever pour ainsi dire l'incertitude de son histoire individuelle de salut »[135]. Dans ce sens, l'action missionnaire doit tenir compte de la grâce de salut que Dieu réserve à tous ses enfants parce qu'il est miséricordieux.

Nous arrivons ainsi à cette conclusion qu'il y a un avenir absolu pour tout homme. Pour celui que l'on considère comme pécheur public, tout comme celui qui se présente comme le meilleur chrétien. Même si parfois il se contente du seul fait de se dire chrétien parce qu'un jour, il a obtenu une carte de baptême. Ce qui serait souhaitable aujourd'hui, c'est le retour véritable à la chrétienté sans exclusion aucune à l'ordinaire des vies comme celle de Nazareth. Nous l'avons déjà affirmé dans les caractéristiques du chrétien, qu'en dépit de ce qu'il peut être et ce qu'il peut vivre, l'homme à un moment de sa vie, peut donner au monde en train de se déshumaniser un nouveau visage de l'homme sauvé. Parce que sur sa route pleines d'histoires, il a été transfiguré par Dieu lui-même. Finalement, l'action missionnaire de l'Eglise est une « présence permanente de Jésus Christ dans l'espace et dans le temps, comme fruit du salut qui ne peut plus être détruit, et comme moyen du salut par lequel Dieu

---

132 Karl RAHNER, *Traité fondamental de la foi,* p. 482.
133 *Ibidem.*
134 *Idem,* p. 481.
135 *Idem,* p. 482.

propose tangiblement son salut aux individus jusque dans la dimension du social et de l'historique, est le sacrement fondamental »[136]. Et pour risquer s'écarter de cette main sans fin tendue de Dieu, il faut rester dans la ligne de la mission primordiale de l'Eglise qui est d'ores et déjà, l'adaptation d'une pédagogie qui se vit en étroite ligne avec celui du Maître.

- **Suivre la pédagogie de Maître.**

L'expression « *simul justus et peccator* », nous avait plongé dans la l'idée de la reconnaissance d'une Eglise constituée de pécheurs justifiés dans l'Eglise sainte. Ces pécheurs connus ou cachés qui demeurent incertains jusqu'à leur disparition de la surface terrestre, bénéficient tout de même de

> « la volonté de Dieu ordonnée à la grâce efficace qui infailliblement sanctifie les membres de l'Eglise et les garde dans la grâce, en sorte que l'Eglise ne cesse jamais d'être sainte. C'est justement cette même volonté qui doit exister nécessairement en regard aussi du ministère de l'Eglise, s'il est vrai qu'elle doive être indéfectiblement sainte, et demeurer présence et phénomène de la grâce eschatologiquement victorieuse du Christ »[137].

Cette façon de voir les choses est un ministère noble auquel aucun ministre ne saurait se retrancher devant cette joie de voir tous ses membres aspirer et devenir des saints, ceux qui ont été bénis et jugés dignes de recevoir l'héritage promu par Dieu depuis le début du monde (Mt 25, 35). Car il est événement de la grâce et de l'amour qui unit Dieu et les hommes »[138]. De même, dans la pédagogie du Maître, il est question d'être humain dans « l'amour et l'unité Christ-Eglise »[139]. Et comme nous le savons bien, le Christ, est un homme qui vient à la rencontre de l'homme et qui s'intéresse à lui. Il dit par exemple à l'aveugle : ''Que veux-tu que je fasse pour toi ?'' – ''Que je retrouve la vue répondra-t-il'' (Lc 18, 35-43). Et plus encore sur le chemin d'Emmaüs, il rejoint les disciples découragés par tout ce qui venait de se passer pour leur redonner espoir. Il réchauffe au feu de l'Ecriture leur cœur et nourrit leur foi à la fraction du pain, pour la mission. A travers cette véritable rencontre qui transforme, ces disciples brillent d'une joie pascale qui réveille le monde par son dynamisme missionnaire. Une telle joie dira la pape François, invite à la vie de communion, parce qu'elle a été capable de rejoindre les gens dans leurs périphéries existentielles.[140] C'est assurément au cœur de ces périphéries que l'Eglise est appelée à faire renaitre des vies et à redonner l'espérance. Les disciples d'Emmaüs ont justement rapporté un message d'espérance à la communauté des disciples réunis. Ces hommes ont besoin qu'on leur annonce un Evangile d'amour, de

---

136 Karl RAHNER, *Traité fondamental de la foi*, p. 457.

137 *Idem*, p. 464.

138 *Ibidem*.

139 *Idem*, p. 466.

140 FRANÇOIS, Lettre apostolique à tous les consacrés à l'occasion de *l'Année de la Vie consacrée*, Vatican, 2014, 2ème partie, n° 1-4.

compassion qui les rappelle qu'ils sont aimés de Dieu. Et que leur vie chrétienne est une réponse définitive à cet amour qui témoigne de la présence de Dieu dans le monde.

- **Rendre le Christ présent au monde.**

« Vous êtes le sel de la terre. [...] Vous êtes la lumière du monde » dit Jésus. (Mt 5, 13-14). En rappelant la nature et la fonction du disciple dans le monde en ces termes, le Christ vise en réalité à faire du chrétien, un catalyseur d'énergie et de saveur dans son milieu de vie, malgré les appâts du monde qui peuvent toujours affadir et assombrir la lumière de ses efforts. S'il est vrai que

> « L'Eglise aujourd'hui, assiste à une grave crise de la société humaine qui va vers d'importants changements. [...], ce qui lui est demandé maintenant, c'est d'infuser les énergies éternelles, vivantes et divines de l'Evangile dans les veines du monde moderne ; ce monde qui est fier de ses dernières conquêtes techniques et scientifiques, mais qui subit les conséquences d'un ordre temporel que certains ont voulu réorganiser en faisant abstraction de Dieu »[141].

Dans le même ordre d'idée, Karl Rahner fait à propos une belle observation quand il rappelle que « Nous vivons dans un monde ''mondain''. Dans ce monde ''mondain'', il n'y a pas seulement des fonctions diverses dans les dimensions du matériel, du biologique, du social au sens strict, mais il existe aussi un pluralisme des aspirations spirituelles, humaines, des idéologies, des conceptions, des styles concrets de vie, des cultures, des partis »[142]. C'est pourquoi, selon lui encore « [...], il pourrait sembler que l'Eglise, dans la mesure où elle possède une constitution sociale, est seulement l'un des groupes divers qui se partagent les visions du monde, qu'elle se trouve en concurrence immédiate avec d'autres formations semblables à niveau de vision du monde »[143].

Dans ce contexte de pluralisme Karl Rahner apprécie le fait que l'Eglise dans sa vie concrète a comme image de Dieu dans le monde, n'est pas la force de son institution, mais plutôt l'expression de sa grande foi parfois difficile à saisir les mots humains. La spécificité de cette grande foi est que l'Eglise intègre tout le monde sans frontière aucune grâce à sa « proximité aimante et bienheureuse qui se communique elle-même. Et cette essence proprement dite de l'existence chrétienne, partant aussi de l'Eglise, ne peut à proprement parler, en vertu de ce que l'on vise par-là, s'opposer aucun oui ou aucun non de nature concurrente »[144].

---

[141] La Bulle d'indiction du concile œcuménique Vatican II, la Constitution apostolique *« Humanae Salutis »*, §1.

[142] Karl RAHNER, *Traité fondamental de la foi,* p. 443.

[143] *Ibidem.*

[144] *Ibidem.*

Donc, derrière la façade strictement mondaine du monde, il y a le Christ déjà présent, il ne se confond pas au pire, mais se démarque afin de susciter en toute personne de bonnes œuvres. Même si, cette époque est normalement catastrophique, l'inquiétude qui gagne l'Eglise se trouve du coup interpellé à pouvoir s'autoévaluer par rapport à sa présence dans le monde et la portée de son enseignement, de sa foi. Cette démarche devrait aider l'Eglise à découvrir l'origine de ce problème de plus près. Car cette crise spirituelle qui est pourtant réelle, crée des conséquences néfastes aussi bien sur le plan de la morale. Le Pape Benoît XVI dénonçait à propos cette déperdition spirituelle avec ses conséquences graves :

> « L'Occident a perdu le sens et la valeur profonde de son patrimoine spirituel et moral, et même les baptisés ont « perdu leur identité et leur appartenance » : avec la baisse de la pratique religieuse, certains « doutent des vérités enseignées par l'Église » tandis que d'autres « réduisent le Royaume de Dieu à quelques grandes valeurs qui, si elles ont un lien avec l'Évangile, ne constituent pas le cœur de la foi chrétienne ». La « rationalité scientifique et la culture technique », non seulement « tendent à uniformiser le monde », mais souvent dépassent leurs domaines spécifiques, avec la « prétention de tracer le périmètre des certitudes de la raison ». Ainsi le « pouvoir des capacités humaines finit par se penser la mesure même de l'agir, libéré de toute norme morale. »[145]

La nouveauté de ces catastrophes, c'est la forme extrémiste avec l'engrenage des multiples possibilités de la destruction totale de la vie sur la terre. Mais surtout la possibilité d'une sortie radicale de la condition humaine proposée par un pouvoir politique qui touche le pouvoir de la culture en général. Pour cette nouvelle époque avec ses nouveaux défis, la mission ancienne et nouvelle qui s'ouvre à la chrétienté, est celle d'introduire les hommes et les femmes du temps actuel à la reconstruction d'une relation vraie avec Dieu. Il est question de les aider à ouvrir leur esprit et leur cœur au Dieu qui les cherche et qui veut être proche d'eux.

D'ailleurs Jean XXIII dans la Bulle d'indiction du Concile rappelait à suffisance : « Jésus-Christ, Rédempteur du genre humain, avant de monter au ciel, a donné aux apôtres qu'il avait choisis le commandement de porter la lumière de l'Evangile à toutes les nations, leur donnant en même temps cette réconfortante promesse, pour garantir et affermir la mission qu'il leur avait confiée : ''Et voici que je suis avec vous pour toujours jusqu'à la fin du monde'' »[146]. (Mt 28, 20). Ce Dieu veut les conduire à comprendre qu'être toujours avec eux et accomplir sa volonté n'est pas un motif de limitation de la liberté, mais l'expression entière et authentique de la liberté, qui conduit à la réalisation du bien véritable de la vie. Ce Dieu n'est nullement un concurrent du bonheur de l'homme, mais un garant. Raison pour

[145] Henri DE BEGARD, *Les différents articles sur Benoît XVI et l'Europe*, 11 mai 2014, https://www.lerougeetlenoir.org/opinions/les-opinantes/benoit-xvi-l-europe-ii-les-racines-chretiennes-de-l-europe, en ligne : (consulté le 18 juillet 2018).
[146] Bulle d'indiction du concile œcuménique Vatican II, Constitutions apostolique, *« Humanae Salutis»*, § 1.

laquelle, là où entre l'Évangile, faisant référence à l'amitié avec le Christ, l'homme fait l'expérience d'être sujet d'un amour qui purifie, réchauffe, renouvelle et rend capables d'aimer et de servir l'homme avec un amour divin. Pour arriver à cette transformation intérieure de l'homme, le pasteur doit jouer un rôle capital pour permettre au chrétien quel que soit son rang d'avancer dans sa vie de foi.

Cet évangile de la maturité chrétienne, de la force et du courage missionnaire interpelle plus que jamais l'Afrique à une prise en charge plus qu'impérative à même d'émanciper tous les secteurs sociaux de son peuple. En effet, pour des auteurs comme Jean-Marc Ela le grand théologien africain, constate avec amertume que « depuis l'époque coloniale, la personnalité de l'Africain demeure atrophiée et sauf rare exception, elle n'est pas encore adulte »[147]. Pourtant la tâche de l'homme de Dieu est immense et doit être précise et concise pour toutes catégories des personnes à évangéliser. Le pasteur devrait trouver les mots justes qui traduisent cet appel à l'espérance et à la détermination tant en matière de foi que dans le domaine socio-politique avec toutes les capacités de le transmettre aux personnes simples et qualifiées.

En conclusion de ce chapitre qui s'est engagé à traité de la question du défi de l'existence chrétienne face à la modernité : caractéristiques et exigences, on peut dire que faire Eglise aujourd'hui, est une nécessité. Une nécessité qui exige un plein engagement du disciple missionnaire, un amour du Christ de la part de l'envoyer pour ne pas le trahir ni l'abandonner. Aucune raison humaine donc ne devrait désorienter le chrétien de cet idéal de témoignage de la présence du Christ dans le monde, fut-il loin de Dieu, afin de travailler à le changer par la nouveauté de cette vie : « Songez aux choses d'en haut, non à celles de la terre. Car vous êtes morts, et votre vie est désormais cachée avec le Christ en Dieu » (Col 3, 2-3). Et la lettre aux Hébreux est encore plus explicite quand elle dit : « ne désertez pas votre propre assemblée, comme quelques-uns ont coutume de le faire, mais encouragez-vous mutuellement, et d'autant plus que vous voyez approcher le Jour » (10, 25). C'est en communauté et avec l'aide du pasteur que se développera la volonté ferme de progresser tous ensemble dans la foi en Christ et de demeurer désormais rattaché à lui par une vie exemplaire qui entraîne tous les croyants : ceux à la traîne et ceux très convaincus.

---

[147] Jean-Marc ELA et René LUNEAU, *Voici le temps des héritiers, « Eglises d'Afrique et voies nouvelles »*, Paris, Karthala, 1981, p.154-155.

CHAPITRE 3. QUELQUES IMPLICATIONS : UN APPEL POUR UNE VIE CHRETIENNE AUTREMENT EN AFRIQUE.

A la lumière de tout ce qui précède, notre préoccupation dans ce chapitre est de voir comment l'homme africain peut incorporer sa foi chrétienne dans son vécu quotidien. Cette réflexion va nous amener à insister sur la nécessité de ne pas abandonner l'Eglise, tout en évitant la tentation d'une vie double. En effet, le chrétien africain doit éviter toute dissociation de sa foi avec la culture de son milieu de vie, avec la problématique du développement des sociétés africaines. L'africain fort de sa riche culture peut justement vivre autrement sa foi en étant authentiquement chrétien et authentiquement africain. Il est donc appelé à incarner sa foi.

L'Exigence d'un christianisme incarné.

Notre auteur Karl Rahner pense que c'est une source de souffrance lorsque le dialogue n'existe pas et qu'il manque de communication réelle avec notre histoire. Il écrit :

> « Là où l'homme croit, là où il espère, là où il aime, là où il se tourne vers Dieu, là où il se détourne de sa faute, là où il reçoit en partage une relation intérieure, positive, à sa mort, là où, dans un amour éternel, il s'ouvre de manière radicale à un autre être humain, le salut advient, il y a une relation dialogale de la grâce de Dieu, il y a événement de salut, et événement justement de l'histoire du salut de l'homme, l'histoire réelle, la plus intime. *Opus operantis* et *opus operatum* ne se distinguent donc pas comme action gracieuse de Dieu en l'homme et accomplissement libre seulement humain. Mais ils se distinguent comme histoire du salut de l'homme, histoire institutionnelle, explicite, émergeant à la visibilité ecclésiale dans les sacrements, et l'agir salvifique seulement existentiel de l'homme dans la grâce de Dieu »[148].

Toutes les chances sont offertes pour qu'au-delà de tous les manques de considération, l'Afrique trouve la possibilité d'un nouveau départ à partir du starting-block de la grâce de Dieu offerte à tous. Il s'agit d'« une rencontre de la théologie avec le vaste monde diversifié de la culture »[149]. Mais au préalable, il va falloir qu'elle connaisse, qu'elle comprenne et qu'elle vive convenablement, sereinement et avec certitude sa foi même dans les moindres détails de son existence de sujet pensant. A l'encontre de l'opinion selon laquelle la religion freine l'épanouissement de l'homme de diverses manières, et constitue pour ainsi dire un obstacle à son développement politique, socio-économique, culturel et spirituel, il convient d'affirmer ce qui suit avec Jean-Marc Ela :

> « L'Afrique a besoin de trouver un art de vivre l'Evangile au milieu de la violence et de la misère, en sachant que Dieu s'identifie à l'homme dans sa situation. Aujourd'hui Jésus Christ, c'est l'opprimé. Il

148 Karl RAHNER, *Traité fondamental de la foi*, p. 475.

149 Rosino GIBELLINI, *Panorama de la théologie du XXème siècle*, p. 249.

nous faut donc retrouver l'enracinement du Christ dans les conditions de vie des hommes d'Afrique et, à travers la crucifixion, retrouver le drame du Noir, chaque taudis devenant un véritable calvaire. Dans cette perspective la foi n'a de sens que si nous arrivons à refléter la gloire de Celui qui nous fait passer des ténèbres à son admirable lumière. L'Afrique d'aujourd'hui ne sera pas sauvée par une Eglise de dévotion repliée dans son culte et ses problèmes de clercs. Il y a des problèmes suffisamment urgents pour qu'on s'y arrête afin de les traiter en priorité : les situations de pauvreté, d'injustice et de domination en Afrique sont de cet ordre. Il faut donc en finir avec une praxis pastorale « culturelle », et « culturelle », plus soucieuse de l'« africanité » de la foi et peu attentive aux questions cruciales de l'exploitation des peuples des différentes régions d'Afrique. L'Eglise ne peut tirer aucune fierté de carence grave, d'une série d'omissions et de démissions qui, jusqu'ici, l'ont fait passer à côté des problèmes de la libération des opprimés de notre continent. L'Evangile est aussi le cri de la misère et de la servitude qui frappe à la porte de l'Eglise, il faut en faire le chant d'espoir de ceux qui entendent la Joyeuse Nouvelle de Celui qui prend en main la cause de ceux qui souffrent. La solidarité du Christ avec les exploités de notre continent nous rend l'espérances »[150].

Cette manière de penser et d'agir évite au chrétien de tomber sous la critique d'aliénation formulée par Ludwig Andreas Feuerbach. Pour ce dernier, l'aliénation renvoie à la capacité de la religion à nous déposséder de ce qui est propre à notre essence, afin de nous plonger dans ses fins illusoires par l'affirmation en Dieu de ce qu'il ne reconnaît pas en l'homme : « la religion se change ainsi en un vampire de l'humanité, qui se nourrit de sa substance, de sa chair et de son sang »[151]. C'est contre ce risque d'une mauvaise définition, d'une mauvaise compréhension de sa nature et de sa mission que la foi de l'Eglise est appelée à s'incarner. S'il est ainsi inutile de croire aujourd'hui en la religion, on comprend alors le désenchantement des hommes de notre temps, car elle n'est pour eux que tromperie avec pour aveu principal la dépossession de la puissance de l'homme par ses mythes bien agencés et émouvants. Dans le même sens, Fréderic-David Strauss écrit dans la *Vie de Jésus* (1835) : « les Evangiles sont des mythes où s'expriment les aspirations du peuple juif »[152] et Feuerbach confirmera que Dieu n'est qu'un mythe qui exprime les aspirations de la connaissance humaine : « Qui n'a pas de désirs n'a pas non plus des dieux [...]. Les dieux sont les vœux de l'homme réalisés »[153]. Loin d'être une expérience aliénante ou de dépression de soi, la foi chrétienne en Afrique peut devenir au contraire une force pour lutter contre toute forme de colonialisme ou de négation de l'identité africaine. Cela peut passer le fait que la foi est un ferment pour l'engagement à construire des communautés de vie et de droit insérées dans la culture africaine.

150 Jean-Marc ELA, De l'assistance à la libération, p. 27.
151 Ludwig Andreas FEUERBACH cité par Henri DE LUBAC, *Le drame de l'humanisme athée*, p. 24.
152 *Idem*, p. 23.
153 *Ibidem*.

- **Favoriser la construction de petites communautés de vie.**

Nous sommes pleinement conscients que face aux divisions opérées par la colonisation et aujourd'hui face aux défis de la modernité, c'est à la base que peuvent bien s'organiser les communautés pour la construction d'une Eglise toujours aimante et vivante. C'est vers elle qu'il faut se tourner « [...], parce que c'est en elle réellement, non seulement qu'advienne foi, espérance et amour, non seulement qu'est célébrée la Cène du Seigneur, non seulement annoncée sa mort, mais que justement vient aussi à manifestation, toujours à nouveau et de façon suffisante, ce qu'il y a de propre et qui constitue l'Eglise, au bénéfice de qui la regarde d'un cœur ouvert et d'un œil croyant »[154]. Ce n'est que par cette voie que l'Eglise sera « peuple de Dieu »[155], peuple de frères. Dans sa construction, du corps mystique du Christ dans toute sa totalité, elle s'assume comme communauté de frères, le mandat de l'œuvre de la proclamation du message évangélique. *Corps du Christ*, l'Eglise continue sa marche dans le monde en déterminant « [...], les structures et les méthodes techniques et politiques les plus adéquates à la solution des grands problèmes de l'humanité. Elle veut toutefois, et elle doit exprimer sa propre pensée au sujet des situations d'injustices dans lesquelles se trouve une grande partie de l'humanité »[156].

Puisque le peuple de Dieu, dans le contexte d'évangélisation de l'Afrique est constitué en Communautés Ecclésiales Vivantes de Base (CEVB ou d'autres appellations), celles-ci vont se distinguer par une mobilisation de ses membres pour écouter la Parole de Dieu, participer à la fraction du pain, s'initier à la communion fraternelle et aux prières (Ac 2, 42). Ici, le dynamisme et la solidarité véritable sont un atout pour ces petites communautés, qui sont signes de vie pour que l'Eglise d'Afrique ne se meurt pas. Pour Jean-Paul II ces petites communautés sont

> « De groupes de chrétiens qui, au niveau familial ou dans un cadre restreint, se réunissent pour la prière, la lecture de l'Ecriture, la catéchèse ainsi que le partage des problèmes humains et ecclésiaux en vue d'un engagement commun. Elles sont un signe de la vitalité de l'Eglise, un instrument de formation et d'évangélisation, un bon point de départ pour aboutir à une nouvelle société fondée sur la "civilisation de l'amour" »[157].

L'existence de ces petites communautés trouve encore plus son sens dans cette *civilisation de l'amour*[158], lorsque partant de la première évangélisation, il se rend finalement compte qu'il y a un saut qualitatif à faire parce « qu'une présentation individualiste des

---

[154] Karl RAHNER, *Traité fondamental de la foi*, p. 434.
[155] CONCILE ŒCUMÉNIQUE VATICAN II, Constitution dogmatique, *Lumen Gentium*, n° 49.
[156] Henri FESQUET, *Le Synode et l'avenir de l'Eglise*, Paris, Centurion, 1972, p. 67.
[157] JEAN-PAUL II, *Redemptoris Missio*, Lettre encyclique, sur la valeur permanente du précepte missionnaire, Kinshasa, Saint Paul Afrique, 1991, n° 51.
[158] *Ibidem*.

problèmes du salut laissait le chrétien africain désemparé. D'où le besoin de recréer de petites communautés au sein desquelles les chrétiens retrouvent la sécurité de la prise en charge collective de toutes les dimensions de leur être »[159]. Plus encore, « [...], elles [ces petites communautés] apparaissent comme le grand espoir des Eglises confrontée à la pénurie des ministres ordonnés. Et désormais, c'est l'éveil et la formation de ces communautés qui tend à devenir la préoccupation majeure de l'Eglise en Afrique »[160]. Car comme nous le savons,

> « Après une période où les « missions » n'ont été, le plus souvent, qu'une sorte de station-service pour les besoins religieux, l'Eglise est obligée de déplacer le centre de gravité de sa vie et de son action vers les communautés de dimensions réduites où la foi peut être vécue d'une manière concrète, à travers des engagements précis. Vivre la foi et l'Evangile là où toute la vie de l'Eglise est prise en charge par des chrétiens dans un lieu donné, c'est renoncer aux traits individualistes d'une civilisation de l'anti-frère qui se traduit, sur le plan religieux, par une vie impersonnelle »[161].

Ces communautés, sont par la même occasion un appel social et économique de base que mérite tout homme. Surtout lorsqu'on sait qu'il est question de sauver l'homme, pas seulement dans sa présentation identitaire de chrétien, même si c'est cela aussi être chrétien. Le défi de l'africain chrétien aujourd'hui est de tenir dans sa foi et ne pas s'égarer de l'ordinaire de sa vie humaine. Pour y arriver, il doit sans cesse jeter un clin d'œil pour regarder avec reconnaissance[162] même son passé douloureux. Parce que sa vie d'homme froissé, humilié, doit aussi s'inspirer du modèle de la vie de Nazareth : une vie simple, ordonnée, rassurante et pleine de vie par sa fraternité. Tout ceci ne peut avoir lieu qu'en respectant le droit et l'ordre de l'Eglise, car il faut sortir de l'idée de penser qu'on se suffit à soi-même et qu'on n'a pas besoin des autres :

> « de fait, il y a plusieurs membres, et cependant un seul corps. L'oeil ne peut donc dire à la main : " Je n'ai pas besoin de toi ", ni la tête à son tour dire aux pieds : " Je n'ai pas besoin de vous. " Bien plus, les membres du corps qui sont tenus pour plus faibles sont nécessaires ; et ceux que nous tenons pour les moins honorables du corps sont ceux-là mêmes que nous entourons de plus d'honneur, et ce que nous avons d'indécent, on le traite avec le plus de décence ; ce que nous avons de décent n'en a pas besoin. Mais Dieu a disposé le corps de manière à donner davantage d'honneur à ce qui en manque, pour qu'il n'y ait point de division dans le corps, mais qu'au contraire les membres se témoignent une mutuelle sollicitude. Un membre souffre-t-il ? tous les membres souffrent avec lui. Un membre est-il à l'honneur ? tous les membres se réjouissent avec lui. Or vous êtes, vous, le corps du Christ, et membres chacun pour sa part » (1Co 12, 20-27).

- **Favoriser la construction de petites communautés de droit et d'ordre.**

Que signifie pour nous construire des petites cellules de droit et d'ordre ? C'est simplement reconnaître que nous sommes Eglise déjà par notre existence et par notre engagement à tenir son unité dans sa diversité fonctionnelle. En effet,

159 Jean-Marc ELA, De l'assistance à la libération, P. 13.
160 *Idem,* P. 13.
161 *Ibidem.*
162 FRANÇOIS, *Lettre apostolique à tous les consacrés* ..., n° 1.

> « L'Eglise comme communauté, comme Corps du Christ, comme rassemblement des croyants, comme représentante du Christ, de sa parole et de sa grâce, est nécessairement aussi hiérarchique. Sans un droit sacré, sans une répartition des fonctions, des tâches, et donc aussi des droits, sur les individus, sans une telle différentiation des fonctions à l'intérieur de la communauté, l'Eglise cesserait d'être peuple de Dieu, la maison de Dieu, le Corps du Christ, la communauté des croyants [...], pour devenir un lourd « conglomérat sans lien intérieur d'individualistes religieux » [163].

Une telle unité dans le respect des diverses fonctions et statut des membres, dans les droits et devoirs propres, permet à tous d'échapper à toute tentative d'isolement qui met parfois certains à l'écart de la maison de Dieu et de la communauté des croyants. Il appert donc d'une utilité indispensable cette marche commune, dans l'ordre et dans le droit sacré sous l'autorité compétente qui est appelée à l'incarner pleinement devant les autres individus. C'est dans cette perspective que « toute communauté religieuse qui se donne le nom de chrétienne s'est donné elle-même, tôt ou tard, une organisation, un droit ecclésial »[164]. Cependant, dans son exercice, il y a une subtilité de ce droit à desceller pour éviter toute confusion. De fait, « il existe une différence essentielle entre le commandement divin, les exigences de Dieu et du Christ face à la conscience singulière d'un côté, et, de l'autre côté, les exigences que l'Eglise, en raison de son pouvoir de gouvernement, déploie face à la conscience du chrétien catholique. Commandement de Dieu et commandement de l'Eglise ne sont pas la même chose »[165] mais ne s'opposent pas. Cette affirmation met l'accent sur la légitimation de la volonté de Dieu dans l'exercice de la charge menée par l'homme dans sa totalité, c'est-à-dire avec son héritage culturel, appelé à faire partie de la vie ecclésiale.

Dans le cadre de notre réflexion qui inclut le désir profond de l'africain qui cherche à comprendre et à vivre par l'intégration de sa culture pour un développement de sa foi, malgré parfois *les divers rideaux de fer*[166] que peuvent ériger les commandements de l'Eglise, cette identification des deux commandements lui permettra de mieux construire sa personnalité chrétienne en faisant parfois, si nécessaire, la part de l'homme et celle de Dieu dans l'Eglise. Ce qui est du commandement divin est soumis à l'ordre, bénéficie du moins de ce caractère non modifiable pour revêtir la qualité d'obéissance. Par exemple « ce qu'on appelle le précepte dominical ne saurait, au fond, être ramené au précepte de la sanctification du sabbat reçu au Sinaï, et ne peut de la sorte être tenu pour un commandement immédiat de Dieu »[167].

---

163 Karl RAHNER, *Traité fondamental de la foi,* p. 434.
164 *Ibidem.*
165 *Ibidem.*
166 *Idem*, p. 437.
167 *Idem*, p. 436.

Devant toutes ces confusions, il convient parfaitement que le chrétien catholique même s'il n'est ni théologien ni prêtre, ait quelques connaissances d'une telle frontière dans cette distinction, nécessaire à sa vie concrète[168]. A tout cela, il faut ajouter l'amour qui est appelé à guider tout chrétien pour mieux vivre ses engagements baptismaux dans le respect naturel des commandements divins et ecclésiaux. Toutefois, distinction n'est pas opposition car les deux commandements se complètent et s'éclairent mutuellement. Par conséquent, « si quelqu'un pense alors que, par mépris de ces structures intramondaines et des normes qui en découlent, l'on peut simplement, d'emblée et par principe, mépriser ce matériau éthique modestement intramondain sans venir à conflit avec le Dieu absolu lui-même, ce sont là une duperie et une erreur qui, une fois encore, manifesteraient la malice du cœur humain. »[169]. C'est pourquoi, appelés à une vie de communion, il y a lieu de chercher à éviter ce qui peut aller à l'encontre de l'établissement réelle, progressive et définitive d'une vie de fraternité même si elle est parfois jalonnée des attitudes mesquines sources de division. Aujourd'hui, le continent africain, vivant au seuil criant de la pauvreté de son humanité, devrait s'appuyer sur la foi et l'énergie de ses fils croyants afin de construire cette unité généreuse et fraternelle à travers « des raisons solides et crédibles de vie » [170]. Sa force réside dans cette foi que tout est dans le Christ. Il sied de souligner que ce n'est pas toujours évident que l'on s'aperçoive de la valeur de cette décision éthique du choix, pratique, réaliste, matériel et réel par rapport à Dieu. Pour comprendre la signification religieuse de cette éthique de l'inclination vers Dieu, par opposition à l'influence qu'on voudrait toujours faire subir à cette relation à Dieu, il faut qu'elle soit « médiatisée par l'élément éthique concrètement intramondain »[171]. C'est là où se trouve le grand et le nouveau défi pour l'Afrique, avec l'exploitation du grand projet technocratique et cybernétique comme supports de l'évangélisation et de construction des communautés.

Certes, ces nouvelles performances font oublier progressivement la vie communautaire à beaucoup de personnes. C'est pourquoi, prenant garde à ce danger, les Evêques africains et malgaches déclarent que « toute action pour construire nos Eglises, doit s'opérer en référence constante à la vie des communautés que nous apporterons au rendez-vous de la catholicité non seulement nos expériences culturelles et artistiques spécifiques [...] mais une pensée théologique propre qui s'efforce de répondre aux questions posées par nos divers contextes

---

[168] Karl RAHNER, *Traité fondamental de la foi,* p. 436.
[169] *Idem*, p. 454.
[170] BENOIT XVI, *Discours* aux participants au Congrès promu par le Parti populaire européen, 30 mars 2006.
[171] *Ibidem.*

historiques et par l'évolution de nos sociétés»[172]. Donc, on ne devrait jamais perdre de vue les deux pôles : l'enseignement théologique et les réalités existentielles. Car il faut bien sortir du monde (Mt 4, 1) pour aller faire l'expérience de Dieu dans le but de produire une répercussion positive dans la quotidienne à travers l'expérience sacramentelle.

L'exigence d'un christianisme inculturé.

Le Christ qui s'offre au monde entier se laisse saisir par celui qui veut mener une expérience profonde de présence avec lui. L'homme de tous les temps a toujours bénéficié de la présence de l'Esprit Saint pour refléter dans sa vie les formes du Christ dans l'Eglise et dans le monde. C'est le cas de la femme samaritaine, malgré la qualité de son histoire (Jn 4, 5-30), a vécu une rencontre d'amour attentionné du Verbe de vie qui l'a totalement changée. Elle en a été saisie par le messie de Dieu et abreuvée à la source intarissable. « Dans la mesure où tous participent au même repas du Christ, qui est à la fois le donateur et le don, l'Eucharistie est aussi le signe, le phénomène, l'accomplissement le plus actuel de l'Eglise, en tant qu'elle est l'unité ultime, fondée en grâce de par Dieu, des hommes dans l'Esprit, et qu'elle amène cette unité à manifestation »[173], l'Eucharistie nous conduit à la redécouverte du Christ en vue de mieux témoigner de cette communion qu'il communique.

C'est le Christ qui se dépouille pour rendre riche celui qui vient et se donne à lui dans sa condition propre. Mais comment faire pour que la démarche africaine de la foi ne reste pas comme une *aventure ambigüe* ? L'Africain doit faire des efforts pour vaincre la tentation de la prostitution religieuse que Jean-Marc Ela dénonce comme « concubinage religieux »[174]. Elle aboutit à une pratique de foi qui s'avère incapable de susciter un langage à partir de l'espace où notre âme respire : « Chrétiens, vous voilà malheureux ! Le matin à la messe, le soir chez le devin ! Amulette en poche, scapulaire au cou ! » [...] L'entrée des communautés africaines au sein de l'Eglise constitue un événement dans un contexte socio-religieux où, pour un grand nombre de baptisés, la conversion à l'Evangile est une véritable « Aventure ambiguë »[175].

Il faut libérer les gens des puissances occultes. Telle est la mission de l'Eglise. Loin de rechercher uniquement ses aises, l'Eglise doit entrer au Cénacle (Ac 2, 42-47), lieu du don du Christ et de l'attente de l'Esprit. C'est au Cénacle qu'en toute responsabilité, Jésus confie ce grand mystère entre les mains fragiles des humains pour leur croissance intégrale et le

---

172 Jean-Marc ELA, De l'assistance à la libération, P. 13.
173 Karl RAHNER, *Traité fondamental de la foi,* p. 472.
174 Jean-Marc ELA, De l'assistance à la libération, p. 32.
175 *Ibidem.*

renouvellement de toute alliance. Sortir des pratiques non-chrétiennes, c'est aussi sortir l'africain de la misère humaine par la promotion de l'homme et de tout homme, voilà l'autre pan de la mission de l'Eglise en terre d'Afrique.

Il est certes vrai que l'implantation de l'Evangile en Afrique dans un contexte de colonisation a quelquefois entraîné une perte d'identité avec la destruction des valeurs culturelles. Une sous-estimation de l'indigène, une perturbation de la vie sociale dans son organisation tribale, ses croyances religieuses et traditionnelles. Mais il faut que naisse le Christ dans le cœur des Africains pour que croisse leur foi. Naitre dans leur cœur c'est assumer leur histoire et imbiber leurs cultures ; c'est la seule voie qui les conduira à « considérer et honorer la proposition selon laquelle l'histoire du salut et de la Révélation advient partout où se déroule l'histoire de l'humanité, individuelle et avant tout collective, et cela pas seulement au sens où il y aurait dans le monde et par lui une histoire de ce que l'on appelle la ''révélation naturelle'' de Dieu »[176] . Il faut qu'il ait dans cette dimension pas une simple reproduction de ce qui s'est passé le jour de la pentecôte, mais l'intégration d'une foi, d'un christianisme dans toute l'histoire d'un peuple afin de faire croître tout homme en l'occurrence l'africain. De fait,

> « La manière dont les chrétiens vivent leur foi est, elle aussi, imprégnée par la culture du milieu ambiant et elle contribue, à son tour, à en modeler progressivement les caractéristiques. A toute culture, les chrétiens apportent la vérité immuable de Dieu, révélée par Lui dans l'histoire et dans la culture d'un peuple. Au long des siècles, l'événement dont furent témoins les pèlerins présents à Jérusalem au jour de la Pentecôte continue ainsi à se reproduire. Ecoutant les Apôtres, ils se demandaient: « Ces hommes qui parlent, ne sont-ils pas tous Galiléens? Comment se fait-il alors que chacun de nous les entende dans sa langue maternelle? Parthes, Mèdes et Elamites, habitants de la Mésopotamie, de la Judée et de la Cappadoce, des bords de la mer Noire, de la province d'Asie, de la Phrygie, de la Pamphylie, de l'Egypte et de la Libye proche de Cyrène, Romains résidant ici, Juifs de naissance et convertis, Crétois et Arabes, tous nous les entendons proclamer dans nos langues les merveilles de Dieu (*Ac* 2, 7-11). Tandis qu'elle exige des personnes destinataires l'adhésion de la foi, l'annonce de l'Evangile dans les différentes cultures ne les empêche pas de conserver une identité culturelle propre. Cela ne crée aucune division, parce que le peuple des baptisés se distingue par une universalité qui sait accueillir toute culture, favorisant le progrès de ce qui, en chacune d'elles, conduit implicitement vers la pleine explication dans la vérité»[177].

Il apparait très clairement que c'est en accueillant l'évangile comme réalité non étrangère mais comme parole de notre histoire, de notre humanité que tous les peuples quel que soit leur origine arrivent à la fraternité ecclésiale. L'une des images de l'Eglise c'est qu'elle est famille de Dieu. L'unique foi constitue ainsi cette fraternité qui unit tous ses fils et fait d'eux des fils dans le Fils. Quel est donc l'œuvre de cette Eglise dans cette perspective en Afrique ? Fraternité et devoir de responsabilité à l'égard du frère souffrant, l'une ne va pas

---

[176] Karl RAHNER, *Traité fondamental de la foi*, p. 171.
[177] JEAN-PAUL II, *Fides et Ratio*, n° 71.

sans l'autre. Le continent africain avec ses multiples crises interpelle l'Eglise par le témoignage des chrétiens.

- **Responsabilités de l'Eglise en Afrique.**

L'Eglise ne saurait rester insensible devant toutes les souffrances de l'homme. Sa parole apporte une lumière et donne force pour lutter afin que les droits des peuples opprimés soient respectés. Le continent africain est connu comme continent en proie à la famine, les misères de toutes sortes, où les atteintes à la liberté et aux droits de l'homme persistent et où des guerres fratricides pour diverses raisons continuent de sévir. Marqué au plus profond de son âme par la *pauvreté anthropologique*[178], sociale et économique, l'africain chrétien enraciné dans l'évangile se montre tout de même bien capable d'accomplir la tâche de l'annonce de la Bonne Nouvelle par son engagement et la conscience de cette charge à accomplir avec foi. Mu par cet amour fraternel naturel et inné, il sait voir en tout homme un frère à aimer ; un atout chrétien à même de l'aider à assumer sa responsabilité en Eglise. Loin de ce courant qui considère le chrétien comme celui qui doit observer nombre de normes et tables éthiques, avec tout le poids d'exigence qui procède de l'absolu de Dieu[179], c'est en croyant assumé dans sa vie de foi, son identité et son histoire que le chrétien africain est appelé à répondre à ce vibrant appel du pape Paul VI en 1969 à Kampala (Ouganda) : « Africains, soyez missionnaires de vous-mêmes »[180].

C'est le statut de croissance, c'est l'heure de la maturité de la personne qui est déclarée. L'Afrique est détentrice d'une espérance chrétienne qu'elle se doit de dire. C'est une nécessité chrétienne, « ce qu'on demande en fin de compte à des intendants, c'est de se montrer fidèles » (1Co 4, 2). Une responsabilité qui conduit à une réflexion plus poussée de l'homme Africain. Et cela peut trouver sa réponse dans le désir du rassemblement pour réfléchir sur un sujet du temps afin de trouver des solutions adaptées, comme cela a été le cas de la convocation du Concile de Vatican II. Et le Vatican II avait bien ciblé cette fraction du problème à travers des expressions on ne peut unique et significative : « Devant ce double spectacle, d'une part le monde souffrant d'une grande indigence spirituelle, d'autre part l'Eglise du Christ resplendissante de vitalité, Nous avons pensé que c'était un grave devoir de

[178] Engelberg MVENG, *La problématique de la pauvreté anthropologique*, https://www.memoireonline.com/09/06/206/m_contribution-ethique-discussion-action-lutte-pauvrete-planetaire10.html, (consulté le 05/04/2019).
[179] Karl RAHNER, *Traité fondamental de la foi,* p. 452.
[180] La *Documentation Catholique,* n° 2099, 15 mai 1994, p. 478.

Notre charge d'appeler tous Nos fils à unir leurs efforts pour que l'Eglise se montre de plus en plus apte à résoudre les problèmes des hommes de notre époque »[181].

Dans l'optique de cet élan missionnaire, la responsabilité des Eglises d'Afrique engage pareillement la prise au sérieux de l'éthique chrétienne. De l'agir moral de tout homme, l'on peut situer une réponse qui consiste à manifester la vocation divine, différente de la morale hellénistique, morale avec laquelle le christianisme des I^ers^ siècles allait se confronter jusqu'au IVème siècle[182]. Cet agir moral consisterait à « se conformer à la nature de l'homme et la porter à la perfection en soutenant les dynamismes internes »[183]. Pour ce qui est de l'agir moral du chrétien dans la société, il nous est attendu qu'il participe au perfectionnement de l'homme en l'introduisant dans la collaboration de la vie trinitaire de Dieu. C'est à l'issu de cette participation de l'homme dans la vie en Dieu Trine, que l'homme sera totalement incorporé dans le Christ. Car, « il résulte que le sujet de l'agir moral est renforcé dans ses énergies par la vie divine elle-même, de la grâce et par les vertus théologales de foi, d'espérance et de charité »[184]. C'est ainsi que l'homme devient capable de développer l'amour envers son semblable, pour ne plus constituer pour ce dernier une menace, d'autant plus qu'il est devenu un motif d'épanouissement pour autrui. Succinctement, il est un artisan d'amour qui vient pérenniser l'existence d'un amour sincère et profond dans le cœur et la vie de l'autre.

Vue toutes ces attentes, l'africain chrétien est appelé à aller au-delà de ce qu'ont vécu ses ancêtres. Il est appelé à être profondément un chrétien qui met en valeur l'amour du prochain. Il doit être un homme capable de renverser toutes les barrières raciales, tribales, claniques, et régionales, etc. De même, l'éthique chrétienne qui dans le contexte africain s'enracine dans la fraternité ecclésiale, ne saurait se dissocier de la morale orientée à la communication de la force vitale reçue mise au service de la défense de la justice et de la dignité de tout le genre humain. Il faut donc la distinguer de la morale du monde, afin qu'elle soit capable de ramer à contre-courant de cet esprit du monde : « La morale chrétienne n'est pas la morale du monde : c'est une évidence. La dégradation de la foi en légalisme est d'ailleurs une affliction pour les églises. La morale du Christ est autrement plus exigeante, sa Loi autrement absolue. En ce qu'il est une Parole irréductible, en ce qu'il est l'alpha et l'oméga, en ce qu'il est une Personne, le Christ est la totalité de la Réponse du vivant »[185]. Le Christ est tout, avec Lui, le chrétien ne s'égarera pas. Car l'éthique chrétienne vise le bien-être

---

[181] Bulle d'indiction du concile œcuménique Vatican II, Constitutions apostolique, *« Humanae Salutis »,* § 4.
[182] Paulin POUPARD, *Dictionnaire des religions,* Paris, PUF, 1984, p. 536.
[183] *Ibidem.*
[184] *Idem,* p. 537.
[185] Karl MARX, *Œuvres choisies*, Tome 1, Paris, Gallimard, 1968, p.48.

de l'homme afin de produire un amour calqué sur le modèle de la Trinité pour mieux vivre avec les sujets de la société. En peu de mots, il est question de toujours favoriser le bonheur (l'épanouissement) de l'autre, d'où l'intérêt même dans l'annonce de l'évangile de tenir compte de la liberté de foi du sujet.

- **Une annonce qui libère et respecte la liberté.**

Le pape Jean Paul II, affirmait que « la priorité de la foi ne s'oppose pas à la recherche propre à la raison. Celle-ci, en effet, n'est pas appelée à exprimer un jugement sur le contenu de la foi ; elle en serait incapable, parce qu'elle n'est pas apte à cela. Sa tâche est plutôt de savoir trouver un sens, de découvrir des raisons qui permettent à tous de parvenir à une certaine intelligence du contenu de la foi »[186] ; et il revient aux *spécialistes*[187] d'enrichir toujours davantage le concept et les articulations pour que cette parole prenne effet en l'homme.

Dans le contexte du sous-développement ou du développement du christianisme en Afrique, il faut que toute la hiérarchie et tout le peuple de cette Eglise particulière d'Afrique s'impliquent pour « la constitution d'un homme nouveau que nous avons à devenir, nous aussi, en nous insérant dans le Christ »[188]. C'est le sujet dans sa totalité qui s'insère dans le Christ, et surtout pas à en sujet dénaturé. Pour cela, il doit rompre avec la monotonie de la souffrance et la misère qui peuvent enliser l'Africain chrétien dans un laxisme non libérateur et non innovant. Surtout quand on sait que « chez les peuples dont la mémoire reste marquée par le souvenir de l'humiliation et de la domination, il semble urgent de réveiller en l'homme la puissance de l'espoir »[189]. L'urgence serait donc de galvaniser en cet homme humilié une autodétermination pour qu'il puisse oser sortir de son vieil homme (Eph 4, 24) qui pour l'africain peut se qualifier en terme d'attentisme couronné par le manque de l'esprit d'initiative et de responsabilité. Pourtant, il devait cultiver l'esprit d'une prise concrète et totale de son destin par lui-même. Raison pour laquelle l'Eglise a toujours placé son urgence du côté de l'action pour le développement intégral et la libération de l'homme de toute oppression.

Cependant, elle a toujours su utiliser les moyens nécessaires pour éveiller parmi les populations qu'elle évangélise, un élan d'adaptation et d'intégration de la voie du progrès. Il

---

[186] JEAN-PAUL II, *Fides et Ratio*, n° 42.

[187] JEAN-PAUL II, *Catechesi Tradendae*, Exhortation apostolique, sur la catéchèse en notre temps, Vatican, 1979, n° 18.

[188] Yves CONGAR, *Jésus-Christ*, Paris, Cerf, 1995, p. 255.

[189] Jean-Marc ELA, *L'Afrique des villages*, Paris, Karthala, 1982, p. 191.

faut que parmi les missionnaires africains d'aujourd'hui, que l'on puisse créer, voir et lire cette soif de devenir par eux-mêmes des *promoteurs du développement*[190], pour qu'ils ne restent pas indéfiniment des accusateurs et des ruminants de leur sort passé, lié à leur non-développement, comme une maladie venu principalement de l'autre. Cette volonté d'aller de l'avant doit être incarnée même si nous reconnaissons que « l'Eglise n'a pas de solutions techniques à offrir au problème du sous-développement comme tel » mais qu'« elle apporte sa première contribution à la solution du problème urgent du développement quand elle proclame la vérité sur le Christ, sur elle-même et sur l'homme, l'appliquant à une situation concrète »[191].

- **L'exigence de l'auto-prise en charge.**

L'auto-prise en charge revient d'abord à l'établissement d'une connexion de vie avec l'être transcendant par l'accueil de sa Parole comme support de vie :

> « L'accueil et le support tranquille, procédant d'une confiance au Dieu plus grand et sa grâce, de la différence entre ce que nous sommes et ce que nous devons être sont eux-mêmes, une fois encore, une tâche du chrétien qu'il convient de valoriser de façon positive. Cet accueil juste, sans doute, n'advient jamais que dans un dépassement de cette différence vers le haut, donc dans un non à quelque chose, et dans un oui à quelque chose d'autre, meilleur, étant donné que cette différence n'existe jamais pour ainsi dire comme abstraite, mais justement comme concrète »[192].

Ce n'est qu'après que par l'auto-prise en charge, les communautés peuvent être rassurées qu'elles disposent les moyens nécessaires pour répondre à leurs propres besoins sans pour autant dépendre totalement de l'aide extérieure qui peut toujours amener une communauté ou tout un pays dans une situation de dépendance. L'auto-prise en charge rend chaque société responsable de ses activités, évitant ainsi toute main mise étrangère. Dans le même ordre d'idée, la prise de conscience est un bon départ de cette auto-prise en charge pour la continuité de l'évangélisation. Mais cette prise de conscience n'est pas à elle seule suffisante car les moyens matériels sont aussi d'une grande importance pour un réel, efficace et adapté au service d'évangélisation.

Ecclesia in Africa fait bien de souligner que l'importance du bien-être à promouvoir pour les églises particulières d'Afrique, susceptible de les aider à sortir de son marasme économique dont-elle sont victimes depuis belle lurette, peut se formuler en double solution. En ce sens, la première piste de solution invite à la mise sur pied effective de l'autofinancement des diocèses :

---

[190] JEAN-PAUL II, *Redemptoris Missio,* n° 58.
[191] *Idem*, n° 41.
[192] Karl RAHNER, *Traité fondamental de la foi,* p. 453.

« Il est donc urgent que les Eglises particulières se fixent pour objectif d'arriver ou plus tôt à promouvoir elles-mêmes à leurs besoins et à assurer l'autofinancement »[193]. Et la deuxième piste de solution est relative à la sollicitation de l'aide à apporter aux Eglises d'Afrique : « [...], j'adresse un appel aux Eglises-sœurs du monde pour qu'elles soutiennent plus généreusement les Œuvres pontificales missionnaires et que, [...] d'investissement capable de produire des ressources, en vue de l'autofinancement progressif de nos Eglises »[194].

Ces possibilités d'aides nous le savons bien, ne peuvent pas arriver à couvrir tous les besoins. Il faut pour cela inventer des moyens de productions qui puissent être rentables. C'est pourquoi Mgr Bernard Agré, évêque de Yamoussoukro (Côte d'Ivoire) pense et c'est la deuxième piste de solution qu'« une Eglise n'est pas adulte, tant qu'elle n'est pas autosuffisante dans les trois domaines de ses finances, de son personnel et de son inculturation »[195]. Mais déjà en amont, travailler les consciences sur le respect des biens communs, afin d'éviter les détournements des fonds intempestifs pour valoriser l'esprit du travail et surtout du travail bien fait, en encourageant le changement de mentalité à travers la conscience professionnelle et la transparence dans la gestion des ressources, s'avère plus qu'impératif. C'est ce comportement qui justifiera la maturité certaine dans toutes les dimensions de la vie de ces églises particulières et des chrétiens africains. Pour une réelle prise de conscience dans le développement de la personne ainsi que l'intégration des vertus théologales, il faut prendre le temps nécessaire de former les missionnaires de l'évangélisation.

En faisant ce long parcours dans ce dernier chapitre qui nous a permis de comprendre le redéploiement de la dignité humaine à travers le mouvement de la proclamation de l'Evangile, et vue tout le déclic qu'elle crée en l'homme, nous avons souligné qu'elle engage tout baptisé et donc ne pourrait être déléguée qu'à quelques « spécialistes ». Tous sont appelés à cette tâche et sont donc responsables de celle-ci. Dans le même sillage, il s'est avéré que l'offre chrétienne comme la fraternité est l'idéal qui permet à l'Africain de se mettre à la suite du Christ d'une manière radicale. Toutes les souffrances qu'il a eu à subir dans le passé sont des atouts pour une bonne orientation de l'amour dans son vécu quotidien. Il importe donc de choisir la voie de la responsabilité de l'Eglise en Afrique comme moyen nécessaire des églises particulières d'Afrique pour mettre en œuvre une bonne promotion du christianisme. Une marche fondamentale à la suite du Christ permet aux chrétiens d'Afrique de continuer à être don pour les autres en visant toujours la valeur la plus grande qui est l'amour de Dieu et du prochain. Cependant, véhiculer le message du Christ constitue pour les peuples d'Afrique,

---

193 JEAN-PAUL II, *Ecclesia in Africa,* n° 104.

194 *Ibidem.*

195 *Parlez-moi d'Afrique*, dans *Actualité Religieuse dans le Monde (ARM)*, n° 121, 15 avril 1994, p. 25.

un vaste champ à parcourir. Pour cela, nous avons trouvé qu'impliquer davantage d'autres agents d'évangélisation, tels les laïcs et plus spécialement les catéchistes, pour suppléer aux ministres ordonnés, les religieux et religieuses dans le champ du Seigneur, était plus qu'urgent vus les besoins de l'heure. En pensant à la formation de ces agents d'évangélisation, il faudrait aussi tabler sur les moyens matériels qui aideraient dans ce domaine.

CONCLUSION

Comment aider le chrétien catholique en général et du chrétien africain en partir à sortir de ses imprécisions, de ses hésitations pour l'adoption du vécu d'une foi authentique et assumée, en vue de son resplendissement dans un monde secoué par les vague de la sécularisation ? C'est toute la densité de la question qui nous a amené à faire appel à la théologie de Karl Rahner. Une théologie élaborée qui nous a servi de tremplin pour obtenir des éclairages théologiques à certaines interrogations et astuces pastorales pour agir efficacement à ce mandat du Christ : « Allez donc, de toutes les nations faites des disciples » (Mt 28, 19). C'est ainsi aussi que nous avons pu obtenir la possibilité de sortir des limites de la théologie classique, c'est-à-dire de l'objectivisme scolastique[196]. Ce mouvement nous a permis de faire dialoguer les affirmations de la foi chrétienne avec la culture du monde contemporain.

Ce dialogue nous a permis de poser comme condition primordiale de l'adhésion entre foi et culture, la compréhension du message de la foi, comme tentacules de la possibilité d'une « justification de la foi par la foi »[197] au moyen de l'expression des réalités de la vie mis-en mal par le grand mouvement du paganisme. Ceci voudrait dire que la foi reste encore un véritable défi pour le chrétien post-moderne en général et du chrétien africain en particulier. Mais ce qui reste perceptible dans l'attitude de ce dernier, c'est qu'il refuse désormais d'admettre de manière plus concrète un christianisme sans sens, sans idéal et sans intelligence pour le compte du développement de l'individu. C'est ainsi que nous avons finalement trouvé des chemins pour l'orientation de l'Afrique dans l'expression d'une foi authentique, claire, compréhensible et vivante. Nous pouvons l'affirmer maintenant, elle ne serait possible et réalisable que par la volonté de vivre l'incarnation de la foi dans l'histoire africaine. Nous avons parlé de l'incarnation reconnue comme la seule vraie voie capable de faire du chrétien africain un vrai disciple et un missionnaire du Christ de manière radicale et permanente.

Cependant, nous n'avons pas fait fi du sacrifice, tenu à être lui-même don pour les autres. Parce que nous le savons, « s'il faut annoncer Jésus mort et ressuscité pour les hommes sans se placer du côté des efforts d'émancipation, sans prendre parti pour les masses cantonnées dans la misère et la faim, poussées en marge de la société, un nouvel espace surgit pour la mission de l'Eglise en Afrique, l'Eglise risque d'être le reflet de l'ordre établi, et de

[196] Rosino GIBELLINI, *Panorama de la théologie du XXème siècle*, p. 269.

[197] Karl RAHNER, *Traité fondamental de la foi. Introduction au concept du christianisme,* p. 25

servir, en permanence, au maintien de cet ordre »[198]. Tout ceci nécessite tout un cheminement qui requiert un entrainement de l'homme de foi comme l'enseigne l'apôtre Paul (1Co 9, 24-27). Entraînement qui a pour but d'aider l'homme à imbiber l'existence de son expérience propre du christianisme dans le quotidien.

Par ailleurs, nous n'avons pas hésité à examiner la nécessité de reconsidérer les questions de la dignité humaine à travers une proclamation de l'Evangile par tout chrétien. Et nous avons compris que tout chrétien est appelé à ce ministère quel qu'en soient les horizons, il doit se sentir responsable de l'annonce de la Bonne Nouvelle. Et dans le cas d'espèce, l'Afrique est appelée à tout mettre en œuvre pour assurer la bonne promotion d'un christianisme non colmaté et fermé, mais la présentation du besoin d'un christianisme qui est sien et don pour les autres, et servante de l'Eglise universelle. Elle peut par exemple développer un christianisme de croix c'est-à-dire un christianisme qui ne vit pas des dommages d'interruption à cause de son statut de continent pauvre ou des vérités venues d'ailleurs mais de l'universalité du message chrétien. Car tout au long de notre argumentaire nous avons soutenu et reconnu que Dieu se communique et chacun doit vivre pleinement cette auto-communication de Dieu. Finalement, cette idée prouve à suffisance que tous les amateurs de la quête de Dieu, ou initiés, tous ont droit de se l'approprier pour avoir part au salut et jouir de la présence de Dieu dans son milieu de vie.

---

198 Jean-Marc ELA, *De l'assistance à la libération,* p.26.

BIBLIOGRAPHIE

I. Source scripturaire

- *La Bible de Jérusalem*, nouvelle éd. revue et augmentée, Paris, Cerf, 1998.

II. Dictionnaire

- POUPARD Paulin, *Dictionnaire des religions,* Paris, PUF, 1984.

III. Sources magistérielles

- CONCILE ŒCUMÉNIQUE VATICAN II, *Lumen Gentium ; Sacrosanctum Concilium ; Apostolicam Actuositatem ; Humanae Salutis*, Paris, Le Centurion, 1977.
- JEAN-PAUL II, *Catechesi Tradendae*, Exhortation apostolique, sur la catéchèse en notre temps, Vatican, 1979.
- IDEM, *Sollicitudo rei socialis,* Lettre encyclique, sur la doctrine sociale de l'Eglise, Rome, 30 décembre 1987.
- IDEM, *Redemptoris Missio,* Lettre encyclique, sur La valeur permanente du précepte missionnaire, Rome, 7 décembre1990.
- IDEM, *Veritatis Splendor,* Lettre encyclique, sur Quelques questions fondamentales de l'enseignement moral de l'Eglise, Rome, 6 août 1993.
- IDEM, *Ecclesia in Africa,* Exhortation apostolique post-synodale, sur l'Eglise en Afrique et sa mission évangélisatrice vers l'an 2000, Yaoundé au Cameroun, 14 septembre 1995.
- IDEM, *Fides et Ratio*, Lettre encyclique, sur les rapports entre la foi et la raison, Rome, 14 septembre 1998.
- IDEM, *Dies Domini,* Lettre apostolique, sur La sanctification du dimanche, Du Vatican, 31 mai 1998.
- IDEM, *Ecclesia de Eucharistia*, Lettre encyclique, sur *l'Eglise vit de l'Eucharistie*, Rome, 2003.
- BENOIT XVI, *Discours* aux participants au Congrès promu par le Parti populaire européen, 30 mars 2006.
- FRANÇOIS, Lettre apostolique à tous les consacrés à l'occasion de l'Année de la Vie consacrée, Vatican, 2014.
- IDEM, *Amoris Laetitia,* Exhortation apostolique post-synodale, *sur L'Amour dans la famille*, Rome, 19 mars 2016.
- *Documentation Catholique,* 15 mai 1994, n° 2099.

IV. Ouvrages de Karl RAHNER

- RAHNER Karl, *Mission et grâce* I. *Vingtième siècle, siècle de grâce? Fondements d'une théologie pastorale pour notre temps*. Traduit de l'allemand par Charles Muller. Paris, Mame, 1962.
- IDEM, *Mission et grâce* II. *Serviteurs du Peuple de Dieu. Réflexions de théologie pastorale sur divers états et fonctions dans l'Église à l'heure actuelle.* Traduit de l'allemand par Charles Muller. Paris, Mame, 1963.
- IDEM, *Mission et grâce* III. *Au service des hommes. Pour une présence chrétienne au monde d'aujourd'hui.* Traduit de l'allemand par Charles Muller. Paris, Mame, 1965.
- IDEM, *Vivre et croire aujourd'hui. Méditations théologiques*, Paris, Desclée, 1967.
- IDEM, *dans le Monde. La métaphysique de la connaissance finie chez saint Thomas d'Aquin* (*Geist in Welt. Zur Metaphysik der Endlichen Erkenntnis bei Thomas von Aquin*). Ouvrage retravaillé et amplifié par J.-B. Metz. Paris, Mame, 1968.
- IDEM, Ecrits théologiques, Tomes I à XII, Paris, 1959-1970.
- IDEM, *Traité fondamental de la foi. Introduction au concept du christianisme*, Paris, Centurion, 1983.
- IDEM, *Le deuxième concile du Vatican : contributions au concile et son interprétation*, Vol. 21, Paris, Cerf, 2013.
- IDEM, *L'auditeur de la parole : écrits sur la philosophie de la religion et sur les fondements de la théologie*, Vol. 4, Paris, Cerf, 2015.

V. Autres ouvrages

- BALTHASAR Urs Von, *Qui est chrétien ?*, Paris, Salvator, 2ème éd., col. « Perspective », 1968.
- BERGERAULT Marie-France, *Une rencontre à vivre.* « Les sacrements », Paris, Vie chrétienne, 2017.
- CONGAR Yves, *Jésus-Christ*, Paris, Cerf, 1995.
- DE LUBAC Henri, *Le drame de l'humanisme athée*, Paris, Garancière, 8ème éd., 1965.
- DESCARTES René, *Discours de la méthode,* « Suivi des méditations », n° 38, Paris, Hatier, 1965.
- DREHER Rod, *Comment être chrétien dans un monde qui ne l'est plus* « Le pari bénédictin », (traduit de l'anglais – Etats-Unis par Hubert DARBON), Paris, Artège, 2017.
- ELA Jean-Marc, *De l'assistance à la libération. Les tâches actuelles de l'Eglise en milieu africain*, Limete/Kinshasa, Ephinanie, 1981.

- ELA Jean-Marc et LUNEAU René, *Voici le temps des héritiers. Eglises d'Afrique et voies nouvelles,* Paris, Karthala, 1981.
- ELA Jean-Marc, *L'Afrique des villages*, Paris, Karthala, 1982.
- FREUD Sigmund, *Essais de la psychanalyse*, Paris, Payot, 1967.
- FESQUET Henri, *le Synode et l'avenir de l'Eglise,* Paris, Centurion, 1972, p. 67.
- GIBELLINI Rosino, *Panorama de la théologie du XXème siècle*, Paris, Cerf, 2004.
- LEVINAS Emmanuel, *Le temps et l'autre*, Paris, PUF, 1983, 1ère éd., 2ème éd. 1985.
- LONCHAMP Michel, *L'affaire Galilée*, Paris, Cerf, 1988.
- MARX Karl, *Œuvres choisies*, Tome 1, Paris, Gallimard, 1968.
- NGUEZI YA KUIZA Hyacinthe, *Jésus-Christ peut-il être Africain ?* Belgique, Hovine, 1993.
- POUCOUTA Paulin, *Du neuf et de l'ancien. L'évangile de Matthieu en 10 étapes,* Yaoundé, Presses de l'UCAC, 2004.
- SCHILLEBEECKX Edward, *L'histoire des hommes récit de Dieu*, Paris, Cerf, 1992.
- SENDREZ David, *L'expérience de Dieu chez K. RAHNER, Son statut épistémologique dans le Traité fondamental de la foi*, France, Parole et Silence, 2013.

VI. Article et revue

- *Parlez-moi d'Afrique*, dans *Actualité Religieuse dans le Monde (ARM)*, n° 121, 15 avril 1994.
- GUTIERREZ Gustavo, « Théologie de la libération. Perspectives », dans *Lumen Vitae* 31, 1974.

VII. Webographie

- BENOÎT XVI, Voyage apostolique en république tchèque (26 septembre 2009), *Rencontre avec les journalistes au cours du vol vers Prague,* en ligne : https://w2.vatican.va/content/benedict-xvi/fr/speeches/2009/september/documents/hf_ben-xvi_spe_20090926_interview.html (consulté le 12/03/2019).
- BENOÎT XVI, *Discours à l'assemblée de la conférence épiscopale italienne*, Jeudi 24 mai 2012, en ligne, https://w2.vatican.va/content/benedict-xvi/fr/speeches/2012/may/documents/hf_ben-xvi_spe_20120524_cei.html, (consulté le 18/07/2018).
- BAKADISULA KATUMA MADILA Crispin, (Secrétaire de la Commission Episcopale pour l'Apostolat des Laïcs. Conférence Episcopale Nationale du Congo.), *Quelques priorités pastorales pour une nouvelle évangélisation de la région des grands lacs*

aujourd'hui, http://www.laici.va/content/dam/laici/documenti/africa/macroregione-bakadisula.pdf, (consulté le 04/06/2019).

- DE BEGARD Henri, « les différents articles sur Benoît XVI & l'Europe », 11 mai 2014,
- *https://www.lerougeetlenoir.org/opinions/les-opinantes/benoit-xvi-l-europe-ii-les-racines-chretiennes-de-l-europe,* en ligne : (consulté le 18 juillet 2018).
- « Homélie au sanctuaire de la Sainte-Croix », Mogila, 9 juin 1979, en ligne : *http://w2.vatican.va/content/john-paul-ii/fr/homilies/1979/documents/hf_jp-ii_hom_19790609_polonia-mogila-nowa-huta.html* (consulté le 11/03/2019).
- MVENG Engelberg, « La problématique de la pauvreté anthropologique », *https://www.memoireonline.com/09/06/206/m_contribution-ethique-discussion-action-lutte-pauvrete-planetaire10.html*, (consulté le 05/04/2019).
- ''Mandement de NNS Les archevêques et les évêques pour le Saint Temps de carême de 1846'', L'ami de la religion, samedi, 14 mars 1846, en ligne : https://books.google.cd/books?id=G_p1COU85y8C&pg=PA621&lpg=PA621&dq=L'ami+de+la+religion,+samedi,+14+mars+1846&source=bl&ots=pmioqGD0N2&sig=P1IaVrj-ZC4MSq3dq74AzoEmp88&hl=fr&sa=X&ved=2ahUKEwiz-syqsPTcAhWEXMAKHTDkB6wQ6AEwAHoECAIQAQ#v=onepage&q=L'ami%20de%20la%20religion%2C%20samedi%2C%2014%20mars%201846&f=false, (consulté le 10/05/ 2018).
- SENDREZ David, Le fondement de l'intelligence de la foi selon K. RAHNER, in *Transversalités* 2016/3 (n°138), p. 69-93, en ligne : *https://www.cairn.info/revue-transversalites-2016-3-page-69.htm?contenu=resume* (consulté le 20/02/2019).
- *https://www.revue-resurrection.org/Simul-justus-et-peccator* (consulté le 28/03/2019).
- *https://www.laprocure.com/uvres-edition-critique-autorisee-volume-deuxieme-concile-vatican-contributions-karl-Rahner/9782204105859.html* (consulté le 09/06/2020).

TABLE DES MATIÈRES

Printed by Books on Demand GmbH, Norderstedt / Germany